Michael Köhlmeiers
neue Sagen des klassischen Altertums
von Eos bis Aeneas

SERIE PIPER

Zu diesem Buch

Michael Köhlmeier hat die uralte Tradition der mündlichen Erzählung mit überwältigendem Erfolg wiederbelebt: Im Österreichischen Rundfunk erzählte er die antiken Mythen und Sagen neu – und in ganz freiem Vortrag. In der neuen Folge, die diesem Buch zugrundeliegt, setzt er diese berühmt-witzigen Streifzüge durch die antike Mythologie fort: Neben den Geschichten von Herakles, dem berühmtesten Helden der antiken Sagen, dessen zwölf Arbeiten das Muster für unendlich viele Abenteuergeschichten abgaben, erzählt er die griechische Variante der Sintflut-Sage, die Geschichte der Argonauten und die von Jason und Medea, vom Untergang der Stadt Troja und von ihrem einzig überlebenden Helden Aeneas. Michael Köhlmeier gelingt es, in seinem ganz eigenen, ganz heutigen Ton diese uralten Geschichten wieder lebendig zu machen – so lebendig, daß Gerhard Fink schon prophezeite: »Ein Gustav Schwab der Zukunft.«

Michael Köhlmeier, 1949 geboren, wuchs in Hohenems/Vorarlberg auf, wo er auch heute lebt. Er schrieb zahlreiche Drehbücher, Hörspiele, Theaterstücke und Romane. Für seinen Roman »Spielplatz der Helden« erhielt er 1988 den Johann-Peter-Hebel-Preis des Landes Baden-Württemberg und für sein Gesamtwerk 1994 den Manès-Sperber-Preis. 1997 wurde er mit dem Anton-Wildgans-Preis und dem Grimmelshausen-Preis ausgezeichnet. Zuletzt erschien sein Roman »Kalypso« (1997).

Michael Köhlmeiers neue Sagen des klassischen Altertums von Eos bis Aeneas

Piper München Zürich

Von Michael Köhlmeier liegen in der Serie Piper außerdem vor:
Die Figur (1042)
Spielplatz der Helden (1298)
Die Musterschüler (1684)
Moderne Zeiten (1942)
Michael Köhlmeiers Sagen des klassischen Altertums (2371)
Telemach (2466)

Originalausgabe
September 1997

Umschlag: Büro Hamburg
Simone Leitenberger, Susanne Schmitt, Andrea Lühr
Umschlagabbildung: Archiv für Kunst und Geschichte, Berlin
Foto Umschlagrückseite: Sepp Dreissinger
Satz: Uwe Steffen, München
Druck und Bindung: Clausen & Bosse, Leck
Printed in Germany   ISBN 3-492-22372-9

Inhalt

Für meine Tochter Paula

Eos, die Morgenröte

Von Ares und dem Fluch der Aphrodite – Von Orion und den Folgen einer Großjagd – Von Tithonos und den Fallen der Ewigkeit – Von Memnon und einem ewigen Ritual

Homer, der erste Dichter des Abendlandes, liebt es, neue Abschnitte in seinen Epen jeweils mit einem neuen Tag zu beginnen. Und ein neuer Tag beginnt mit Eos. Eos ist die Morgenröte. Allein in der Odyssee spricht Homer einundfünfzigmal von Eos als der Göttin des frühen Morgens. Die »Frühgeborene« nennt er sie fünfundzwanzigmal, und zweiundzwanzigmal gibt er ihr diesen schönen, poetischen Namen: die »Rosenfingrige«. Ich gestehe, ich habe das nicht nachgezählt. Ich besitze eine Odyssee-Ausgabe, die hat hinten ein kluges, für mich sehr wertvolles Register, daher habe ich es.

Manchmal, wenn der Dichter Eos besonders lieb hat, dann nennt er sie die »Safrangewandete«. Die Mythographen sind sich einig, daß Eos eine der zartesten, der liebreichsten, der sanftesten Göttinnen ist. Ihre Aufgabe besteht darin, den Weg für ihren Bruder Helios, die Sonne, vorzubereiten.

Die Sonne ist im Griechischen männlich: Helios, der Gott, der den Sonnenwagen über den Himmel fährt. Vier Feuer schnaubende, gleißend schäumende, goldene Rosse sind diesem Wagen vorgespannt. Interessanterweise hat dieser Gott, der in anderen Kulturen die Nummer eins ist, bei den Griechen kein allzugroßes Gewicht. Helios kann keinen eigenen Mythos vorweisen. Er, der alles sieht und hört, wird manchmal als Zeuge angerufen, wenn einer schwört; aber nicht bei großen Schwüren, da wendet man sich an den Styx, den Fluß der Unterwelt.

In einigen Sagen spielt Helios eine Nebenrolle, so zum Beispiel in der Odyssee, als die Gefährten des Odysseus die Rinder des Sonnengottes schlachteten und damit ihren Untergang besiegelten.

Auch in einer anderen Geschichte muß er sich mit dem passiven Part des entsetzten Zuschauers begnügen, nämlich als sein Sohn Phaëthon den Sonnenwagen ausleiht und damit viel Schaden anrichtet. Zuerst fliegt Phaëthon zu hoch und schlitzt dabei den Himmel auf – noch heute kann man diese Wunde sehen: die Milchstraße –, dann brennt er die Menschen Afrikas schwarz, als er den Wagen zu tief steuert. Ansonsten hat Helios die üblichen Liebschaften, wie es einem Gott zusteht, und das ist schon fast alles.

Von Eos, der Lieblichen, der Sanften, gibt es mehr zu berichten. Sie kündet den Bruder im Osten an, wenn sie den Himmel rosarot oder safranfarben färbt. Die Sanftheit der Eos, diese Zartheit, die hat es dem vielleicht gröbsten, dem rohesten aller Götter angetan, nämlich dem Kriegsgott Ares.

Ares verliebte sich in Eos, wenn man bei Ares überhaupt von Verlieben reden kann, sagen wir, er begehrte Eos, er wollte sie besitzen, und zwar auf seine verschwitzte, brecheiserne Art. Vielleicht waren es ihre Rosenfinger, ihre Strahlen, die ihn an seine blutigen Schwerter, an seine blutigen Lanzen erinnerten, wie auch immer: Den Rohen hat die Zarte herausgefordert. Er lauerte ihr auf und stellte sich ihr in den Weg. Leider muß gesagt werden, daß auch die Zarte am Rohen Gefallen fand.

Ares unterhielt gerade zu dieser Zeit ein anderes Liebesverhältnis, und zwar mit der Göttin der Liebe selbst, mit Aphrodite. Und Aphrodite war eine äußerst eifersüchtige Liebhaberin. Sie sah es nicht gern, daß ihr Ares, den sie für sich in Anspruch nahm, von dem sie behaupten wollte, sie habe ihn gebändigt und gezähmt, daß dieser Ares, der verschwitzt brecheiserne Kriegsgott, ausgerechnet die sanft duftende Eos mit ihrer zerbrechlichen Erotik ihr, die sie die Leidenschaft in Person war, vorzog.

Aphrodite zur Freundin zu haben mag etwas Wunderbares sein, aber Aphrodite zur Feindin zu haben ist etwas Schreckliches. Viele Geschichten bestätigen uns das. Eos hatte nun also die Göttin der Liebe zur Feindin. Und Aphrodite verfluchte Eos, sie fluchte ihr eine unstillbare Gier ins Herz, eine unstillbare Gier nach jungen, sterblichen Männern.

Von nun an, wenn Eos im Osten über den Horizont blickte, suchte ihr Auge die Stuben junger, schlafender Männer ab. Solche wollte, mußte sie besitzen. Sie schämte sich sehr dafür, deshalb errötet der Himmel am Morgen, und er errötet aus Scham. Aber Eos konnte nicht anders, und in den Nächten bangte sie den frühen Stunden entgegen und malte sich aus, wen ihre ersten Strahlen wohl träfen. Einem Fluch der Aphrodite kann man sich nicht entziehen.

Von zwei Geliebten der Eos, nämlich von Orion und Tithonos, möchte ich erzählen.

Orion

Es war einmal ein armer Mann, manche behaupten, es sei ein König gewesen, ich behaupte, es war ein armer Mann. Dieser Mann hieß Hyrieus. Er war schon alt, seine Gattin war vor langer Zeit gestorben, er war kinderlos. Seine Frau hatte er als junger Mann kennengelernt, sie hatten sich ewige Treue über den Tod hinaus geschworen, und ein Leben lang hatten sie beide diese Treue gehalten. Aber sie konnten keine Kinder bekommen. Dann starb die Frau, und der Mann war allein, und sein innigster Wunsch, einen Sohn zu haben, war nicht in Erfüllung gegangen.

Die Nachbarn sagten: »Ach, jetzt ist deine Frau tot. Das tut uns leid. Und es ist recht, daß du um sie trauerst. Halte die Trauer ein Jahr. Aber dann such dir eine andere. Da kann niemand etwas dagegen haben.«

Hyrieus sagte: »Nein. Ich habe es meiner Frau geschworen.«

»Das ist vierzig Jahre her oder länger«, sagten die Nachbarn.

Hyrieus sagte: »Trotzdem.«

Und die Nachbarn sagten: »Da ist nichts zu machen. Jetzt hat er gar nichts, kein Weib, und einen Sohn hat er auch nicht.«

Es begab sich, daß eines Tages gleich drei der größten Götter in dieses Land kamen, nämlich Zeus, Poseidon und Hermes. Zeus, der Göttervater, sagte: »Wollen wir doch einmal den Hyrieus besuchen, wollen wir schauen, wie es ihm geht.«

Sie kamen verkleidet. Niemand kann Zeus anschauen, so wie er ist, davon werden wir noch hören, seinen Anblick kann niemand aushalten, man wird verrückt, oder man verbrennt oder beides. Also die drei Götter kamen als ganz einfache Wanderer verkleidet, und Hyrieus hat sie natürlich nicht erkannt. Aber er war sehr freundlich zu ihnen und fragte, ob er ihnen Brot, Wein und Oliven anbieten könnte. Sie nahmen gerne, sie aßen mit ihm, betrachteten gemeinsam den Sonnenuntergang.

Hyrieus war wortkarg, weder wollte er viel reden, noch hatte er viel zu erzählen, ein Leben lang dieselbe Aussicht von seinem Häuschen aus hinaus auf die Felder, was gibt es da groß zu berichten.

Nach einer Weile sagte er dann doch etwas, nämlich: »Darf es noch etwas sein?«

»Gern«, sagte Zeus. »Was hast du?«

»Kaum etwas«, sagte Hyrieus. »Wenn es unbedingt Fleisch sein muß, habe ich ein Schaf. Aber es ist mein einziges.«

»Es muß sein«, sagte Zeus.

Er wollte nämlich testen, wie weit des Hyrieus Gastfreundschaft reichte.

Hyrieus schlachtete sein einziges Schaf, briet das Fleisch und setzte es den Göttern vor, und sie aßen. Poseidon schmatzte, Zeus nahm sich die besten Stücke, und Hermes schämte sich ein wenig. Sie waren sehr zufrieden mit Hyrieus.

Nach einem heimlichen Blickwechsel der drei sagte Zeus: »Hyrieus, wir wollen dir etwas Gutes tun, dafür daß du uns so großzügig bewirtet hast. Sag, was ist dein innigster Wunsch!«

Da traten Hyrieus die Tränen in die Augen, und er sagte mit trockener Stimme – seine Stimme nämlich verriet seine Gefühle nicht, die Augen aber schon: »Ich habe nur noch einen Wunsch auf dieser Welt, aber der wird mir nicht mehr in Erfüllung gehen: Ich wünsche mir einen Sohn!«

»Warum, glaubst du, wird dir dieser Wunsch nicht in Erfüllung gehen?« fragte Zeus.

»Weil meine Frau tot ist«, sagte Hyrieus.

»Na und«, sagte Poseidon, »nimm dir halt eine andere.«

»Geht nicht«, sagte Hyrieus, »ich habe es ihr zu Lebzeiten versprochen.«

Die drei Götter sahen sich an, und Hermes sagte: »So sind sie, die Menschen, jedenfalls manche – treu!«

Nun gaben sich die drei als Götter zu erkennen, sie sagten, wer sie seien, und Hyrieus glaubte ihnen. Und Zeus, vielleicht weil er sich einen Jux machen wollte, wer weiß, machte folgenden Vorschlag. Er sagte: »Ich habe gesehen, Hyrieus, daß du nicht nur ein Schaf hattest, das haben wir inzwischen ja aufgegessen, sondern du hast noch eine Kuh.«

»Ja«, gab Hyrieus zu, »ich habe noch eine Kuh, das ist meine einzige Kuh, essen kann man die nicht, die ist zu zäh, und sie ist mein letztes lebendes Eigentum.«

»Gut«, sagte Zeus, »schlachte diese Kuh!«

Hyrieus tat, was der Gott ihm gesagt hatte, und schlachtete die Kuh.

Zeus fuhr fort: »So, nun zieh dieser Kuh die Haut ab!«

Auch das tat Hyrieus.

»Leg diese Haut hier vor uns auf den Boden!« forderte nun Zeus.

Und nun geschieht etwas Eigenartiges. Man muß dazu sagen, immer wieder kommt es in der griechischen Sagenwelt vor, daß von humorigen Geschehnissen, auch von recht skurrilen Begebenheiten berichtet wird, aber das Folgende stellt doch eine Einmaligkeit dar. Die drei Götter drehten sich von Hyrieus weg und schlugen ihr Wasser auf die Haut der Kuh ab.

Im armen Hyrieus werden da Zweifel aufgestiegen sein, ob so ein Vorgehen das Richtige sei zur Erfüllung seines Wunsches. Aber er sagte nichts. Er vertraute den Göttern.

Die sagten: »So, Hyrieus, nun vergrabe dieses Fell und warte neun Monate.«

Auch das tat Hyrieus. Er vergrub die Haut der Kuh und wartete. Tatsächlich, nach neun Monaten brach ein Mann aus der Erde heraus, schon voll entwickelt, ein schöner Mann. Erst durchstießen sein Kopf und seine Schultern den Boden, wie ein Krokus im Frühling. Dann waren sein Rücken und seine Brust zu sehen, die Arme, und schließlich hob er die Füße aus der Erde und stand da. Aber er wuchs weiter und wuchs und wuchs und wurde riesengroß. Er war schon nach einem halben Tag größer als sein Vater, am Abend war er größer als das Haus, in der Nacht wuchs er weiter, über die Wipfel der Bäume hinaus, hinauf in den Sternenhimmel.

Vom Olymp aus blickten Zeus und Hermes herab, Poseidon war wieder im Meer, und sie sagten: »Oh, das haben wir irgendwie nicht richtig gemacht. Wir müssen das Wachstum dieses Menschen, dieses Erdgeborenen, bremsen.«

Das taten sie, indem sie noch einmal auf diesen Mann urinierten, auf diesen Helden, der da emporschoß. Und als der Götterurin die Haut dieses Wesens traf, da hörte es auf zu wachsen.

Hyrieus, der nun sah, daß sein Sohn aus dem Urin der Götter geworden war, nannte ihn Urion. Aus Urion wurde mit den Jahren Orion, das U schliff sich ab zu O, vielleicht war es dem Vater auch peinlich, seinen Sohn Urion zu rufen, und hat deshalb ein wenig Korrektur am göttlichen Werk angebracht.

Orion war ein Riese. Er war so groß, daß er, wenn er durch ein flaches Meerstück ging, gar nicht schwimmen mußte. Wenn er die Adria überquerte, dann ging ihm das Wasser vielleicht knapp bis zum Hals. Und er war sehr schön. Er war der schönste Mann seiner Zeit. Und er war ein leidenschaftlicher Jäger...

Eines Tages kam Orion nach Chios an den Hof des Königs Oinopion. Oinopion heißt der Weinfarbene, er war ein Sohn des Gottes Dionysos. Von Dionysos, der unter anderem der Gott des Weines ist, werden wir noch ausführlich berichten. Dieser König Oinopion nun hatte eine sehr schöne Tochter, eine sehr zarte Tochter. Wir sehen, immer wieder treffen wir auf eine Verbindung vom Groben und Kraftvollen, vom Starken und Rücksichtslosen mit dem Zarten und Sanften, dem Schwachen und lieblich Naiven.

Die Tochter von König Oinopion hieß Merope. Orion verliebte sich in sie. Und seine Liebe war groß, sie überragte in ihrer Leidenschaft alle Leidenschaften, die Merope je entgegengebracht worden waren, so wie Orion an Körpergröße alle Männer überragte, die je um Merope geworben hatten.

Oinopion sah das nicht ungern. Er wußte, daß Orion ein begeisterter und auch ein begnadeter Jäger war. Chios war damals eine Insel, die zum größten Teil nicht betretbar war, nur ein kleiner Streifen an der Küste war bewohnt, der Rest der Insel war beherrscht von wilden Tieren. Niemand aus Oinopions Königreich traute sich, diese Insel zu erkunden.

Oinopion sagte zu Orion: »Ich bin einverstanden, du kannst meine Tochter Merope zur Frau bekommen; aber unter einer Voraussetzung: Wenn es dir gelingt, innerhalb eines Tages und einer Nacht sämtliche wilden Tiere dieser Insel zu töten.«

Das war eine prachtvolle Herausforderung für Orion! Er schulterte seinen Bogen und marschierte bei Morgengrauen los und schoß in einem Tag und einer Nacht sämtliche wilden Tiere auf der Insel ab.

»Arbeit gemacht«, sagte er. »Laß mich zu Merope!«

Oinopion war ein Schlitzohr, ein Lügner, einer, der sein Wort nicht hielt. Er versperrte die Tür zur Kammer, in der seine Tochter schlief.

»Schau dich doch an«, sagte er zu Orion. »Was denkst du dir denn! Soll ich das Haus für dich aufstocken lassen? Du bist zu groß! Niemals gebe ich dir meine Tochter, niemals!«

Orion schlug die Tür ein und vergewaltigte Merope. – Was aus dem Mädchen geworden ist, weiß man nicht. Ich habe versucht, mich kundig zu machen. Ich habe keine Nachricht von ihr gefunden.

Oinopion wandte sich an seinen Vater Dionysos, er möge ihm sagen, wie er sich rächen könne an diesem Riesen.

Dionysos gab Antwort: »Mach es ganz einfach: Gib diesem Riesen Wein zu trinken. Wein besiegt den stärksten Mann. Warum sollte er nicht auch den größten besiegen?«

Nur ganz selten wird dieser griechische Wein – von dem man gar nicht genau weiß, wie er eigentlich zusammengesetzt war, man nimmt an, daß er fast siruppartige Konsistenz hatte –, nur ganz selten wird er unverdünnt getrunken. Aus einer Stelle in der Odyssee erfahren wir, daß Odysseus dem Riesen Polyphem unverdünnten Wein zu trinken gab. Polyphem fällt prompt um. Der Wein haut den Kyklopen auf den Rükken.

Nun, auch Oinopion gab dem Orion unverdünnten Wein, und auch den Orion haut es auf den Rücken. Er fällt in Ohnmacht. Er hat einen Vollrausch, merkt nichts mehr, gar nichts.

Und was tut Oinopion? Er hält sich an die Odyssee. Auch er sticht dem Riesen die Augen aus. Er blendet Orion und läßt ihn an den Strand zerren.

Dann vergeht die Nacht, und es vergeht der Rausch, und die Schmerzen kommen, und der Jammer kommt. Mühsam erhebt sich Orion, er ruft, niemand antwortet ihm, er lauscht, er hört die Wellen, die sich vor ihm brechen. Er geht geradeaus ins Meer hinein, er spürt das Wasser an seinem Körper steigen. Er geht und geht und geht, er weiß nicht, wohin er geht.

Plötzlich hört er vor sich Gehämmer, und er denkt, hier ist eine Schmiede. Er bleibt stehen und lauscht, hält den Kopf schief. Das Gehämmer ist gewaltig! So gewaltig ist dieses Gehämmer, daß es nur aus der Schmiede des Schmiedegottes Hephaistos kommen kann. Denkt Orion. Und so ist es auch.

Orion tastet sich durch das Wasser auf die Werkstatt des Hephaistos zu, greift durch ein Fenster in das Innere der Schmiede und faßt den jungen Lehrbuben des Hephaistos, der da gerade im Eisenplatthämmern unterrichtet wird, und nimmt den Buben mit.

Orion raubte den Lehrling des Hephaistos, setzte ihn sich auf die Schulter und sagte zu ihm: »Du wirst mich führen! Deine Augen sollen von nun an meine Augen sein!«

Dieser Lehrbub hat natürlich Angst vor dem großen Orion gehabt, keine Frage, gleichzeitig aber gefiel es ihm auch, welchem Bub würde es nicht gefallen, auf so hohen Schultern zu sitzen, und er sagte: »Ich bin einverstanden. Wohin soll ich dich führen?«

Orion sagte: »Du mußt mich an den Beginn der Sonne führen, dorthin, wo die Sonne aufgeht, nach Osten.«

Orion war nämlich der Meinung, daß die ersten Sonnenstrahlen seine Augen heilen werden.

Der Lehrbub führte ihn also nach Osten, dorthin, wo die Sonne aufgeht. Und dort stand nun Orion mit geblendeten Augen, hilflos breitete er die Arme aus und wartete auf den Tagesbeginn.

»Helios«, rief er, »Helios, heile mich!«

Es war aber nicht Helios, der ihn so sah. Es war Eos, die Rosenfingrige, die Safrangewandete. Sie sah diesen verwundeten Riesen, der so schön war, sie sah ihn vor sich, als sie über die Erdrundung stieg. Und die zarte Eos verliebte sich in Orion, und sie wollte ihn haben. Sie wollte ihn gerade hochheben und mit in ihr Gemach nehmen. Da tauchte Artemis auf, die Göttin der Jagd...

Artemis hatte, erinnern wir uns, ewige Keuschheit geschworen, sie hatte ihren Vater Zeus gebeten, sie ewig keusch zu lassen, ewig jungfräulich. Sie streifte den ganzen Tag und die ganze Nacht in den Wäldern umher, umgab sich mit Tieren und neunjährigen Nymphen und hatte vor nichts mehr Angst als vor sich selbst, nämlich daß sie sich eines Tages in jemanden verlieben könnte.

Und da war es geschehen, daß sie eines Tages auf Chios weilte, just zu jener Zeit, als Orion in einem Tag und in einer Nacht die Insel leergejagt hatte. Artemis beobachtete ihn dabei. Sie war empört. Außer sich war sie. Was fällt diesem Riesen ein, dachte sie, was fällt dem ein, meine Tiere zu vernichten! Aber zugleich mußte sie zugeben, daß Orion ein begnadeter Jäger war. Eine andre Tatsache gestand sie sich allerdings nicht zu: Nämlich daß sie sich in Orion verliebt hatte. Diese Leidenschaft erlaubte sie sich nicht, und darum verwandelte sie die Liebe in Haß.

Artemis kam also und sagte zu Eos: »Halt! Der da gehört mir. Ich habe eine Rechnung mit ihm offen.«

Und Eos flehte sie an: »Nimm ihn mir nicht! Er gefällt mir so gut. Ich bin so gierig nach ihm. Aphrodite hat das gemacht. Es ist ihr Wille. Gib acht, daß sie dir nicht eine ähnliche Gier anwirft.«

Oh, das gab der Artemis zu denken! »Also gut«, sagte sie schließlich. »Ich lasse ihn dir. Aber nur für eine Nacht. Dann gibst du ihn mir frei. Er hat meine wilden Tiere getötet, und das kann ich nicht zulassen.«

Eos war einverstanden.

Die Nacht mit Orion muß wunderbar gewesen sein, denn am Morgen bat Eos die Artemis: »Gib ihm eine Chance, laß ihn hinaus auf den Ozean schwimmen, und erst, wenn sein Kopf am Horizont ist, dann lege deinen Pfeil auf ihn an. Gib ihm diese Chance!«

Artemis war lässig einverstanden, denn sie wußte: Ihre Pfeile trafen alles, was sie wollte.

Orion schwamm hinaus auf den Ozean, und als sein Kopf schon ganz nahe am Horizont war, spannte die Göttin der Jagd ihren Bogen und schoß ihren unfehlbaren Pfeil ab. Orion war tot.

Dieser verzweifelte Traum der beiden Göttinnen, Eos und Artemis, der für beide unerfüllbar war, für Artemis, weil sie Keuschheit geschworen hat, für Eos, weil sie wußte, als Göttin wird sie mit einem sterblichen Mann nie einig sein können, dieser verzweifelte Traum machte, daß die beiden Göttinnen ein wenig weinten. Sie weinten ein wenig, und sie setzten durch, daß ihr Orion an den Himmel gehoben wurde.

In den Wintermonaten, wenn wir nach Südosten schauen, spannt sich vor unserem Auge sein Sternbild aus. Es umfaßt einen großen Teil diese Himmelssegmentes. Er ist eines der schönsten Sternbilder an unserem Himmel.

Tithonos

Der zweite Geliebte von Eos, der lieblichen Morgenröte, von dem ich erzählen möchte, ist Tithonos. Es ist eine bittersüße Geschichte…

Tithonos war ein trojanischer Prinz, er hatte einen Bruder, der hieß Ganymedes. Eos verliebte sich zur gleichen Zeit und zu gleichen Teilen in beide. Es war ein großes Glück für Eos, und sie freute sich über diese reiche Liebe, und sie entführte beide und brachte sie in ihren Palast. Und wenn sie den einen liebte, blickte sie dabei den anderen an, und zum ersten Mal empfand sie den Fluch der Aphrodite als einen Segen, und sie dachte bei sich: Das möchte ich immer haben.

Da kam Zeus und nahm ihr den Ganymedes weg. Denn auch Zeus hatte sich in diesen jungen Mann verliebt. Er verwandelte sich in einen Adler und trug Ganymedes hinauf zum Olymp. Oh, welch einen Kummer hat der Göttervater damit angerichtet! Seine Frau und Schwester Hera litt entsetzlich, sie flehte ihn an, er möge sie doch nicht so demütigen. Auch die anderen Götter, Athene, Apoll, Hermes, alle, außer Aphrodite, drängten Zeus, er solle den Ganymedes zurück auf die Erde schicken. Zeus war verliebt in den jungen Mann. Und er gab ihn erst nach einem sehr bemerkenswerten Vorkommnis frei. Davon später.

Den Tithonos aber ließ Zeus der verliebten Eos. Ihr Glück war nun halbiert, aber noch nicht vernichtet.

Eos sagte zu Zeus: »Was kann ich machen. Ich bin nur eine der kleineren Gottheiten, wohne nicht einmal im Olymp. Du hast mir Ganymedes weggenommen, ich muß das akzeptieren, aber als Gegenleistung dafür mache mir diesen sterblichen Tithonos unsterblich, damit ich ihn für immer und ewig haben kann.«

Jetzt, da ihr großes Glück halbiert war, spürte sie wieder, daß Aphrodites Fluch alles andere als ein Segen war. Sie glaubte, wenn sie einen Mann für ewig habe, daß dieser Fluch gebrochen werden könne.

Zeus sagte: »Ich persönlich kann das nicht machen, aber ich werde mit den Schicksalsgöttinnen, den Moiren, reden.«

Die Moiren waren einverstanden, und so bekam Eos ihren Tithonos auf ewig. Wir Menschen halten bei diesem Gedanken inne. Ewig! Unsterblichkeit! Immer das liebe Leben im Sonnenlicht! Keine Glücksvorstellung, die diesen Gedanken nicht zumindest umspielt hätte! Tithonos hatte es geschafft! Dank der Überredungskunst seiner Geliebten...

Aber die arme, verliebte, voreilige Eos hatte etwas vergessen. Sie hatte zwar Unsterblichkeit für ihren Tithonos erbeten und auch erlangt, aber sie hatte vergessen, sie dem Göttervater in Verbindung mit der ewigen Jugend vorzutragen.

Nun geschah es, daß Tithonos älter wurde. Es ist schier unvorstellbar, daß ein Mann auf ewig altert! Seine Haare wurden grau, seine Knochen wurden brüchig, seine Zähne fielen ihm aus, seine Stimme wurde hoch und piepsig, die Haut wurde schlaff und gelb. Soweit können wir uns einen Alterungsprozeß ja noch vorstellen, da auch wir auf diese Art und Weise altern. Aber dann hatte er die Zeit überschritten, die ein Mensch normalerweise lebt, und er alterte immer noch weiter. Er wußte, er ist unsterblich, er wird ewig weiter altern. Er wußte es. Was für einen Sinn hat da Vorsorge? Paß auf dein Cholesterin auf! Warum? Schone deine Gelenke! Wozu? Treib ein wenig Sport! Wofür? Er schrumpfte zusammen, wurde so groß wie eine Zikade, so klein, daß er in eine Streichholzschachtel gepaßt hätte, wenn es zu dieser Zeit schon Streichholzschachteln gegeben hätte. Die Haut wurde Staub. Auf die letzte trockene Materie wurde der einst schöne Tithonos reduziert!

Aber Eos liebte ihn trotzdem. Sie versteckte ihn zwar in ihrem Schlafgemach, sie legte Decken über ihn, wenn er mit seiner piepsenden, keifenden Stimme nach ihr rief, aber sie liebte ihn, und sie war ihm treu. Warum liebte sie ihn? Sie liebte ihn, weil sie einen gemeinsamen Sohn hatten, nämlich Memnon.

Diesen Sohn vergötterte Eos. Für Memnon zog sie die wunderbarste Röte auf, wenn der Morgen sich erhob. Sie bat ihren Bruder Helios, seinen Neffen doch einmal auf dem Sonnenwagen mitzunehmen, das war nämlich der Wunsch des Knaben. Helios warnte davor, doch schließlich ließ er sich überreden. Am Abend war Memnon schwarz. Er war von der Sonne schwarz gebrannt. Memnon ließ sich in Äthiopien nieder, dort sind die Menschen ganz schwarz, sie sind die Nachfahren von Eos' Sohn.

Der Tod des Memnon

Ich möchte noch vom Tod dieses Memnons erzählen. Welch ein Unglück für Eos, die Lieblichkeit in Götterperson! Jeden Morgen bringt sie so viel Freude, den Menschen und auch – glauben wir Homer – den Göttern.

Memnon nahm teil am Trojanischen Krieg. Dieser Krieg war für die damaligen Verhältnisse ein Weltkrieg, es kamen sogar Kämpfer aus Äthiopien. Memnon war ein wunderschöner Mann, gefolgt von einem Troß von Frauen, die ihn bewunderten, die, wenn er vor sie hintrat, in Kreischen ausbrachen, manche fielen in Ohnmacht. Diese Frauen haßten einander, jede von ihnen wollte in der Nacht mit Memnon zusammen sein.

Memnon kämpfte auf der Seite der Trojaner, auf der Seite seines Onkels Priamos. Den Griechen schlotterten die Knie, als sie Memnon sahen, den Herrlichen, und sie dachten bei sich, oh, oh, oh, der wird uns ordentlich aufmischen. Aber es kam anders. Am Ende des ersten Tages, so erfahren wir aus Quellen, die uns in diesem Punkt glaubwürdiger erscheinen als die Ilias, bereits am Ende seines ersten Kampftages traf ihn zufällig, rein zufällig, der Speer des Achill, und er sank nieder und starb.

Das war der größte Schmerz für Eos! Sie weigerte sich von nun an, am Morgen zu scheinen.

»Ab heute keine Morgenröte!« rief sie mit von Schmerz und Wut merklich gehobener Stimme zum Olymp hinauf.

Ihr Bruder Helios sprang ihr bei: »Wenn meine Schwester mir nicht den Weg bahnt«, sagte er, der inzwischen längst erfahren hatte, wie hoch andere Sonnengottheiten in anderen Kulturen geehrt wurden, »wenn sie das nicht tut, dann werde auch ich die Rosse nicht anspannen.«

So.

Es drohten ewige Finsternis und schrecklichste Kälte über die Erde zu kommen. Der Mensch drohte auszusterben, alles, was wuchs, drohte zu verdorren, und die Tiere drohten auszusterben. Tod überall.

So.

Ein Götterrat wurde einberufen, alle waren geladen, alle, nicht nur jene, die im Olymp wohnten.

Zeus trat vor Eos hin und sagte: »Was kann ich für dich tun? Was verlangst du, damit du wieder am Morgen scheinst?«

Eos gab zur Antwort: »Ich möchte, daß mein Sohn Memnon von den Toten aufersteht.«

Zeus sagte: »Das kann ich nicht für dich tun, das geht nicht. Aber ich mache dir einen Vorschlag: Ich werde ein Fest für ihn einrichten, ein jährlich wiederkehrendes Fest, ein Ritual.« Und er legte ihr dar, wie er sich das im einzelnen vorstellte.

Als Memnons Leiche auf dem Scheiterhaufen verbrannt wurde und seine Frauen um die Flammen tanzten und dabei den Flammen sehr nahe kamen, da wurden sie vom Feuer ergriffen und in die Höhe gehoben. Zeus machte aus ihren fuchtelnden Armen Flügel, und sie verwandelten sich in Vögel. Und als sie endlich Tiere waren, konnten sie ihre Eifersucht und ihren Haß voll ausleben, und sie pickten aufeinander ein und verfolgten sich über dem brennenden Scheiterhaufen, und ihr Blut tropfte herunter, und es löschte die Flammen. Die Erde nahm dieses Gemisch aus Blut und Asche in sich auf, und jedes Jahr zur selben Zeit brennt an derselben Stelle der Körper des Memnon neu, und die Vögel kommen und hacken sich gegenseitig das Blut aus den Federn, und das Blut löscht die Flammen. – Dieses Ritual stiftete Zeus für Eos und ihren Sohn Memnon.

Aber die Traurigkeit blieb im Herzen der Eos zurück. Jeden Morgen, wenn ihr Blick auf die Erde fällt, erinnert sie sich an den Tod ihres Sohnes. Die Tränen rinnen ihr über die Wangen und fallen auf die Erde. Das ist der Tau, den wir, wenn wir im Sommer barfuß hinaus auf die Wiese laufen, an unseren Füßen spüren.

Die Sintflut

Von Kallisto und einer dreifachen Verwünschung – Von einem Unmenschen und seiner Art, ein Gasthaus zu führen – Von Philemon und Baukis und einem letzten Wunsch – Von Deukalion und Pyrrha und den Gebeinen unserer Mutter

Sintflut bedeutet immerwährende Flut, das Wort hat seine Wurzel im Althochdeutschen. Im 13. Jahrhundert wurde das nicht mehr verstandene Erstglied *sint-* umgedeutet in *Sünd-*, aus der Sintflut wurde die Sündflut, das Wort lieferte von nun an gleich die Begründung für die Katastrophe mit.

Sintflut-Sagen finden wir in vielen Kulturkreisen. Die Geschichte von Noah und seiner Arche kennt bei uns jeder. Auch in der griechischen Mythologie spiegelt sich die Erinnerung an diese Katastrophe wider. Was geschah damals? Wir wissen es nicht. Spekuliert wird viel. Hören wir, was erzählt wird!

Beginnen wir am Anfang: Prometheus hat uns Menschen erschaffen. Prometheus war von Anfang an unser Anwalt. Er hat für uns gekämpft. Er hat für uns das Feuer vom Olymp geholt und wurde zur Strafe an den Kaukasus genagelt. Wir sind Kinder des Titanen Prometheus. Zeus, der oberste Gott, war gegen uns, er war gegen den Menschen. Es hat keinen Sinn, sich da etwas vorzumachen. Er hat uns mißtraut, und er hat uns mißtrauisch beobachtet. Es ist wahr: Er hat nach Gründen gesucht, die es rechtfertigten, uns auszulöschen.

Ja, und während er so die Menschen betrachtete, um sie bei irgend etwas zu erwischen, da fiel sein Auge auf eine Menschenfrau, nämlich auf die schöne Kallisto. Kallisto heißt: die Schönste. Und sie war die Schönste. Und das Blut kochte auf im Göttervater...

Zeus war mit sich im Konflikt: Auf der einen Seite war er verrückt nach einer Menschenfrau, auf der anderen Seite wollte er die Menschen von der Erde wegputzen. Die Verliebtheit, das Begehren, die Lust – preisen wir sie hoch! – obsiegten im Göttervater, und er warb um die schöne Kallisto.

Kallisto aber wies ihn zurück. Unfaßbar! Sie habe, argumentierte sie, der Göttin Artemis einen Eid geschworen. Sie wollte wie Artemis bis an ihr Lebensende Jungfrau bleiben. Besser gesagt: Sie hatte es gewollt, damals, als sie den Eid abgelegt hatte. Wir sehen, ihr Wille war angesichts des olympischen Liebhabers bereits etwas spröde geworden.

Zeus bot nun seine ganze Verführungskunst auf, und schließlich gelang es ihm: Kallisto stieg zu ihm aufs Lager.

Arme Kallisto...

Wir wissen aus einer Menge anderer ähnlicher Fälle, daß Hera, die Gattin des Zeus, mit rasender Rachsucht die Liebhaberinnen ihres Mannes verfolgte. Oft mußte sie rasen, sehr oft! Kallisto hatte sich eine sehr mächtige, eine in ihrer Rachelust unstillbare Feindin geschaffen. Aber Kallisto hatte sich noch eine zweite Feindin geschaffen, nämlich Artemis, die Göttin der Jagd. Ihr hatte sie einen Eid abgelegt, und diesen Eid hatte sie gebrochen. Zwei göttliche Feindinnen für eine göttliche Nacht...

Nun gibt es olympischen Slapstick: Zeus will Kallisto vor der Rache seiner Gattin Hera verstecken – indem er sie in eine Bärin verwandelt. Hera wiederum will Kallisto etwas Böses tun – indem sie sie in eine Bärin verwandelt. Artemis will sich für den gebrochenen Eid rächen – indem sie Kallisto in eine Bärin verwandelt. Drei Götter verfluchen ein Menschenskind, und alle drei verfluchen es in einen Bären. Dreimal Bär hält wohl besser. Zeus wollte schützen; Hera wollte demütigen; Artemis wollte abschießen.

Arme Kallisto...

Kallistos Vater, König Lykaon, war ein besonders bösartiges Menschenexemplar. Er stand dabei, als seine Tochter verwunschen wurde, und lachte die drei Götter aus. Für sein verfluchtes, gedemütigtes und zum Abschuß freigegebenes Kind hatte er nicht den geringsten Gedanken der Trauer übrig. Kichernd drehte er sich um, machte wegwerfende Handbewegungen und ging seiner Wege. Wir werden ihm noch begegnen. Er wird uns etwas Schlimmes einbrocken.

Die drei Gottheiten standen da mit ihrer Bärin.

»So sind die Menschen«, sagte Zeus. »Keine Spur Mitleid für ihre Brut!«

Was sollte er tun? Ohne sich gewaltigen Ärger mit Tochter und Gattin einzuhandeln, konnte er Kallisto nicht in ihre schöne menschliche Gestalt zurückverwandeln. Sie ganz im Stich lassen wollte er auch nicht, ein wenig Dankbarkeit für ihre gemeinsame Liebesnacht wollte er ihr doch erweisen.

Außerdem sah sein Röntgenauge, daß Kallisto schwanger war, daß sie göttlichen Keim in sich trug. Er öffnete ihren Bauch, nahm die Leibesfrucht, einen

Knaben, heraus, und dann hob er Kallisto an den Himmel und machte aus ihr das Sternzeichen des Großen Bären.

Es war nicht Zeus' Art, sich viel um seine Kinder zu scheren, auch um diesen Sohn, Arkas wurde er genannt, kümmerte er sich nicht. Er überließ ihn seinem Großvater, eben jenem bösen Lykaon, von dem wir noch hören werden.

Kallisto war nun also ein Sternzeichen. Artemis war damit zufrieden. Hera allerdings nicht. Ihr Zorn wollte es nicht zulassen, daß die kleine Kallisto so einen prominenten Platz oben am Himmel haben soll, daß sie womöglich noch jeden Morgen im Ozean baden kann, wenn ihr Sternbild unterging. Aber weil sich an einem Entschluß des Zeus nicht rütteln ließ, bat sie Okeanos, daß er sich weigere, ihr Sternbild in seinen Fluten aufzunehmen.

Deshalb geht das Sternbild des Großen Bären nicht unter, es kreist um den Polarstern, den Himmelsnagel. An diesen Himmelsnagel hat Hera den Wagen der kleinen Kallisto angehängt. Mehr Rache war ihr nicht möglich.

Nun blickte Zeus auf die Welt und verliebte sich vorläufig nicht mehr in eine Menschenfrau. Sein Ekel vor uns Menschen war durch die Affäre mit Kallisto nicht weniger geworden. Er fand, das Menschengeschlecht sei reif für den Untergang. Und dahin gehend äußerte er sich auch in der Götterschar. Zu seiner Überraschung sahen das die anderen Götter nicht so.

»Sie müssen sich erst konsolidieren«, sagte Hermes. Er hatte viel mit den Menschen zu tun. Er war es, der die Seelen der Verstorbenen in den Hades geleitete. Der Seelenführer wurde er deshalb auch genannt, Psychopomos. Er kannte das Leid der Menschen. Und in unserem Leid sind wir nicht ganz und gar unsympathisch.

»Ja«, sagte auch Apoll, »lassen wir ihnen eine Chance!« Auch Apoll kannte die Menschen besser als die meisten da oben. Acht Jahre hatte er bei einem Menschen gedient – das ist eine andere Geschichte.

Zeus lenkte ein: »Gut«, sagte er, »ich will ihnen noch eine Chance lassen. Ich werde die Erde besuchen. Werde mir ein Bild machen. Von oben betrachtet sehen sie aus wie unnützes Gewürm. Vielleicht ändert sich dieser Eindruck, wenn man ihnen auf gleicher Höhe in die Augen schaut.«

In Wahrheit dachte er bei sich: Aus der Nähe betrachtet sind sie wahrscheinlich noch unerträglicher. Ich werde weiter Gründe sammeln, die es rechtfertigen, daß ich diese Krätze vom Erdboden abschabe.

Zeus machte sich allein auf den Weg. Er wollte niemanden aus seiner Umgebung als Begleiter bei sich haben. Er ging als Wanderer. Er blieb nicht lange. Als er zurückkam, sahen ihn die andren Götter schon von weitem strahlen.

»Heißt das etwas Gutes?« fragte Apoll.

»Ich glaube nicht«, sagte Hermes, der sich im Mienenlesen besser auskannte.

Hermes hatte recht. Die Menschen seien durch und durch verdorben, sagte Zeus. Sie seien durch und durch böse, es gäbe keinen Grund, ihnen die warme Erde weiter zur Verfügung zu halten.

»Weg mit ihnen!«

Die anderen Götter protestierten. Vielleicht hatte der eine oder andere die Menschen lieben gelernt in all ihrer

Fehlerhaftigkeit, ich denke da vor allem an Hermes und auch an Apoll. Andere Gottheiten schätzten den klaren wissenschaftlichen Verstand, den einige Menschen in ihrem Gehirn entwickelt hatten. Pallas Athene war begeistert von der menschlichen Denkfähigkeit. Andere Gottheiten liebten es, wenn ihnen Opfer dargebracht wurden, ganz offen gaben sie zu, daß ihnen menschliche Schmeicheleien guttaten.

»Wenn ihr wüßtet!« rief Zeus aus. »Wenn ihr wüßtet, für wen ihr euch da einsetzt!«

Und dann begann er von seiner Erdenwanderung zu erzählen. Er sei zu diesem König Lykaon gegangen, dem Vater von Kallisto. Er habe nämlich gehört, der sei besonders böse, und er wollte sich überzeugen, ob das wahr sei. Er habe gehört, Lykaon betreibe eine Art Gastwirtschaft, eine merkwürdige Gastwirtschaft allerdings. Denn nur die Hälfte der Gäste, die hineingehen, kommen wieder heraus. Die andere Hälfte der Gäste, so habe er erfahren, die anderen Gäste würden in die Küche geführt, und dort würden sie geschlachtet, und ihr Fleisch diene als Speise für die andere Hälfte der Gäste draußen in der Wirtsstube. So berichtete Zeus mit scheinheiliger Miene. Vom rein wirtschaftlichen Standpunkt aus betrachtet, fuhr er fort, sei das ja eine recht geschickte Art, ein Wirtshaus zu führen, vom moralischen Standpunkt aus betrachtet allerdings...

Hermes stellte seine Augenbrauen ziemlich steil, was bei ihm soviel bedeutete wie: Er glaubte nicht ganz, was ihm da erzählt wurde.

»Und du hast auch in seinem Wirtshaus gegessen?« fragte Hermes.

»Ja«, sagte Zeus. »Das heißt, gegessen habe ich nichts. Nicht als ich sah, was er mir vorsetzen wollte, dieser Unmensch.«

»Was wollte er dir denn vorsetzen?«

»Ich will es gar nicht aussprechen«, sagte Zeus.

»Aber wir wollen es hören«, bestimmte Hera. Von allen Göttern und Göttinnen außer Zeus lag ihr am wenigsten am Menschengeschlecht.

»Ja dann«, seufzte Zeus, »wenn du es unbedingt wissen willst. Einen Knaben hat er mir aufgetischt.«

»Ein Unmensch!« rief Hera.

»Meine Rede«, sagte Zeus. »Aber obendrein war es ein besonderer Knabe. Arkas hieß dieser Knabe!«

»Seinen eigenen Enkel«, entrüstete sich Hera. »Deinen Sohn wagte er dir als Speise vorzusetzen?«

»So sind sie«, sagte Zeus.

Damit hatte er den Großteil der Götter auf seiner Seite, die sagten: »Wenn schon so grauenhafte Sachen geschehen, wenn die Menschen fähig sind, so furchtbare Dinge anzustellen, dann muß man sich wirklich überlegen, ob man sie nicht wegputzt.«

Hermes argumentierte dagegen: »Es könnte sich ja immerhin um einen Einzelfall handeln«, sagte er.

»Alle sind so«, donnerte Zeus.

»Wenn alle so sind«, sagte Hermes, »oder auch wenn die meisten so sind, gut, dann will ich ihrer Vernichtung zustimmen.«

»Nicht einen wirst du finden, der besser ist«, beharrte Zeus. »Nicht einen!«

»Also«, sagt der schlaue Hermes, »sagen wir: Wenn es zwei gibt, die besser sind. Ich komme dir entgegen. Wenn wir zwei finden, die wirklich gute Menschen sind, dann geben wir der Menschheit noch eine Chance. Bist du einverstanden?«

Zeus war in seinem Eifer zu weit gegangen, nun konnte er so einen Vorschlag nicht gut ablehnen.

»Von mir aus«, sagte er.

Und Hermes drechselte seine List weiter: Laß uns also noch einmal hinuntergehen auf die Erde, und laß uns diesmal gemeinsam gehen. Nimm auch Apoll mit, und nimm mich mit! Sechs Götteraugen sehen mehr als zwei.«

Alle Götter unterstützten Hermes' Vorschlag. Zeus blieb nichts anderes übrig, als zuzustimmen.

»Gut«, sagte er, »wenn zwei Gerechte auf der Erde leben, dann will ich die Menschheit verschonen.«

Sie gingen los. Zeus, Hermes, Apoll. Und tatsächlich, sie fanden zwei gerechte Menschen. Sie fanden ein sehr berühmtes, auch in der deutschen Literatur, im berühmtesten Werk der deutschen Literatur, nämlich im »Faust« von Goethe, verewigtes Pärchen, nämlich Philemon und Baukis. Die beiden waren sehr alt, sie erkannten Apoll, Hermes und Zeus nicht, aber sie bewirteten die drei Fremden so gastfreundlich, wie es ihnen möglich war. Sie gaben ihnen alles, was sie hatten.

Zeus mußte zähneknirschend zugeben, daß es wirklich gerechte Menschen, gute Menschen waren. Er wollte Philemon und Baukis belohnen, sagte: »Ihr beiden! Wünscht euch irgend etwas, ganz egal was, alles bekommt ihr von mir! Denn ihr seid gerecht.«

Philemon und Baukis wünschten sich, daß sie gemeinsam sterben, daß keiner den anderen überlebt.

»In den ersten zwanzig Jahren haben wir uns hauptsächlich gestritten«, sagten sie. »In den zweiten zwanzig Jahren haben wir kaum ein Wort miteinander gesprochen. Aber in den letzten zwanzig Jahren haben wir uns aneinander gewöhnt, und heute lieben wir uns.«

Zeus, Hermes und Apoll machten sich wieder auf den Weg.

»Siehst du«, sagte Hermes, »hier hast du zwei Gerechte. Was jetzt?«

Zeus gab keine Antwort, schritt schnell aus.

»Was ist«, drängte auch Apoll, »gib doch zu, daß du die Wette verloren hast!«

»Dreht euch um«, herrschte Zeus die beiden an.

Hermes und Apoll blickten zurück. Da sahen sie, wie sich Philemon zu Baukis neigte, wie Baukis' Kopf auf Philemons Schultern fiel.

»Wie war doch gleich der Wortlaut meines Versprechens?« fragte Zeus.

»Wenn zwei Gerechte auf der Erde leben, dann will ich die Menschheit verschonen«, zitierte Hermes.

»Diese beiden leben nicht mehr«, sagte Zeus trocken. »Ich habe Befehl gegeben an meinen Bruder Poseidon, den Gott des Meeres.«

Hermes und Apoll sahen: Die Berge waren nur noch Inseln, das Meer stieg, panische Stille herrschte überall. Zeus hatte die Sintflut befohlen.

Prometheus, der Titan, der den Menschen erschaffen hatte, der an den Kaukasus genagelt war, auch er sah, wie die Wasser stiegen, sah, daß Zeus, sein Widersacher, seine Kreatur, den Menschen, vernichten wollte. Er rief seinen Sohn.

»Deukalion!« rief er. »Deukalion, baue dir eine Arche! Baue dir ein Schiff! Nimm deine Frau zu dir und beeile dich, sonst wirst du und mit dir das Menschengeschlecht nicht überleben!«

Deukalion ist der Noah der griechischen Mythologie. Er war verheiratet mit Pyrrha. Und diese beiden, Deukalion und Pyrrha, sie taten, was Prometheus befahl. Sie bauten ein Holzschiff und bestiegen das Schiff und ließen sich von den Fluten hochheben.

Deukalion und Pyrrha hatten keine Kinder. Pyrrha war schon in dem Alter, in dem sie keine Kinder mehr bekommen konnte. Deukalion war auch ein alter Mann, und kurzsichtig war er, und während sie über die Weltenflut trieben, fragten sie sich: »Warum das alles? Was nützt es, wenn wir überleben? Dann dauert die Menschheit noch ein paar Jahre, qualvolle Jahre wahrscheinlich, und dann ist ja doch alles aus.«

So schwammen sie auf den Wassern. Es verging eine Zeit, da kam eine Taube geflogen. Und diese Taube hatte etwas in ihrem Schnabel.

»Was hat die denn in ihrem Schnabel?« fragte Deukalion.

»Ach«, sagte Pyrrha, »du weißt doch, daß ich schlecht sehe.«

»Ich sehe auch schlecht«, sagte Deukalion.

»Wir beide sehen schlecht«, sagte Pyrrha.

»Weil wir eben alt sind«, sagte Deukalion. »Was könnte es denn sein, was diese Taube in ihrem Schnabel hält?«

»Vielleicht einen Zweig«, sagte Pyrrha.

»Ja, da könntest du recht haben«, sagte Deukalion. »Ein schönes gerades Zweiglein könnte es sein.«

Und daraus schlossen die beiden, daß der Wasserspiegel im Sinken begriffen sei, daß irgendwo schon Land sein mußte.

Und sie hatten recht. Das Wasser floß ab, und schließlich setzte ihre Arche auf. Sie besahen sich die Umgebung. Alles war voll Schlamm. Nichts Lebendiges war mehr da. In den Bäumen hing der Schlamm, auf den Feldern lag der Schlamm, von den Hausdächern rann der Schlamm.

»Alles voll Schlamm«, sagte Deukalion.

»Aber wir haben überlebt!« sagte Pyrrha.

Sie knieten nieder und dankten. Ich frage mich, wem haben sie eigentlich gedankt? Merkwürdig: Sie haben nämlich nicht dem Prometheus gedankt, sondern dem Zeus. Wir erfahren nicht, warum sie ausgerechnet ihrem Feind gedankt haben. Nur: Was nützt es dem Menschengeschlecht, wenn ein Paar übrigbleibt, das nicht mehr fruchtbar ist? Es war vielleicht ein besonderer Zynismus von Zeus, daß er ausgerechnet dieses Paar hat überleben lassen. Sicher wäre es für ihn eine Kleinigkeit gewesen, ihre Arche zu versenken.

Deukalion und Pyrrha gingen über die Erde, suchten nach Menschen, suchten nach Tieren, aber sie fanden nichts. Auf ihrer Reise, die Monate und Jahre dauerte, kamen sie schließlich auch zum Kaukasus, zu ihrem Vater Prometheus. Die beiden Alten, denen die Füße weh taten, sie wagten es kaum, den Blick zu erheben. Da hing Prometheus, war mit ausgebreiteten Armen an den Felsen genagelt.

Sie fragten ihn: »Was sollen wir tun?«

Und Prometheus sagte nur einen Satz: »Werft die Knochen eurer Mutter hinter euch!« Dann schwieg er.

Deukalion und Pyrrha wußten nicht, was das bedeutete. Sie zogen weiter durch die Welt, suchten nach Menschen, suchten nach Tieren und suchten nach den

Gräbern ihrer Mütter, weil sie dem Befehl ihres Schöpfers Gehorsam leisten wollten.

Schließlich, nach vielen Jahren, Pyrrha war inzwischen ein altes, ausgetrocknetes, gekrümmtes Weib, Deukalion war ein alter, ausgetrockneter, gekrümmter Mann, fanden sie die Gräber ihrer Mütter. Sie buddelten die Gebeine aus. Und da konnten sie nicht tun, was Prometheus ihnen gesagt hatte. Sie brachten es nicht übers Herz.

»Nein«, sagte Pyrrha, »das mach ich nicht.«

»Nein«, sagte Deukalion, »ich auch nicht.«

Es war ihnen eine verächtliche Geste, die Knochen ihrer Mütter hinter sich zu werfen. Sie taten es nicht.

Deukalion und Pyrrha blickten sich an und fragten sich: »Wir tun es nicht, obwohl wir wissen, daß dann die Menschheit aussterben wird?«

Und sie antworteten einander: »Jawohl, wir tun es nicht, obwohl wir wissen, daß dann die Menschheit aussterben wird.«

Schließlich kam der Pyrrha eine Idee. Sie war von den beiden die Klügere.

Sie sagte: »Der Satz von Prometheus! Vielleicht kann man ihn irgendwie anders interpretieren.«

Deukalion sagte: »Wie soll man den interpretieren? Er war doch ganz eindeutig: Werft die Gebeine eurer Mutter hinter euch!«

»Ja«, sagte Pyrrha, »aber der Begriff Mutter, vielleicht soll man den nicht so wortwörtlich nehmen.«

»Wie kann man denn so einen klaren und deutlichen Begriff wie Mutter anders nehmen als wortwörtlich?« fragt Deukalion.

Pyrrha sagte: »Vielleicht sind ja nicht nur wir gemeint, du, Deukalion, und ich, Pyrrha, vielleicht hat Prometheus mit uns die ganze Menschheit gemeint.«

»Wir beide sind die Menschheit«, sagte Deukalion. »Es gibt ja nur noch uns.«

»Eben«, sagte Pyrrha, »darum sollte man es nicht so wortwörtlich nehmen. Mit Mutter könnte er auch die Mutter Erde meinen.«

Deukalion schüttelte den Kopf und sagte: »Ja, das klingt ganz gut, aber wie sollen wir die Mutter Erde hinter uns werfen?«

»Ja«, sagte Pyrrha, »paß doch auf. Er hat gesagt: Werft die Gebeine eurer Mutter hinter euch.«

»Und jetzt sag mir nur noch eines«, spottete Deukalion, »was sind die Gebeine der Erde?«

»Es könnte ja sein, daß die Steine die Gebeine der Mutter Erde sind.«

»Das kann ich mir nicht vorstellen.«

Pyrrha sagte: »Probieren wir es doch! Wir sind alt, wir werden bald sterben. Was verlieren wir schon, wenn wir ein paar Steine hinter uns werfen?«

Sie knien sich nieder, sammeln die Steine auf, die in ihrer Reichweite liegen, und werfen sie hinter sich. Und siehe da: Aus den Steinen, die Pyrrha hinter sich warf, erwuchsen Frauen, aus den Steinen, die Deukalion hinter sich warf, wuchsen Männer.

»Darum nun sind wir ein hartes Geschlecht«, schreibt Ovid in einer der Metamorphosen, die ich hier in der wunderbaren Übersetzung von Gerhard Fink zitiere, »ein hartes Geschlecht, in Drangsal erfahren, und liefern selbst den Beweis, aus welchem Stoff wir entstanden.«

Nachtrag: Ein Freund, der Tonmeister Günther Hämmerle, mit dem zusammen ich viele Rundfunksendungen über die Welt der klassischen Sagen gemacht habe, fragte mich, was es mit der Taube auf sich habe, mit dieser Taube, die mit diesem schmalen Zweiglein im Schnabel über die Arche von Deukalion und Pyrrha geflogen ist. Jedes Wesen, sagte er, habe doch in der Mythologie seine Geschichte. Recht hat er.

Dies ist die Geschichte der Taube: Die Mutter der Taube legte, als sie sah, daß das Wasser sich hob, ihr letztes Ei auf der Spitze des Parnassos ab. Bis dorthin reichte das Wasser der Sintflut, und zwar gerade so weit, daß das Ei nur knapp mit Wasser bedeckt war. Helios, die Sonne, brütete dieses Ei aus und machte die Frucht reif. Als das Wasser seinen Höhepunkt erreicht hatte, schwamm ein Pfeil daher, ein Pfeil der Göttin Artemis. Dieser Pfeil traf das Ei, und die Schale sprang auf, und unsere Taube schlüpfte heraus. Sie nahm diesen Pfeil in den Schnabel und flog los. Deukalion war, wir wissen es, stark kurzsichtig, und auch Pyrrha hatte keinen scharfen Blick mehr, und beide hielten den Pfeil der Artemis für ein Zweiglein. Als das Wasser versickert war, ließ die Taube den Pfeil fallen. Er fiel hinunter zur Erde und blieb in der Erde stecken. Aber es war kein gewöhnlicher Pfeil. Es war ein Pfeil der Artemis. Die Göttin der Jagd reguliert das Leben der Tiere, sie liebt die Tiere. Bevor die Tiere zu zahlreich werden und sie sich gegenseitig unnütz umbringen, schießt sie die Tiere ab. Der Pfeil ist durchtränkt vom Blut aller Tiere. Als nun dieser Pfeil den Boden berührte, wuchsen daraus alle Tiere, die in der Sintflut umgekommen waren, wieder nach.

Diese Geschichte wollte ich nachtragen. Wer die Quelle zu dieser Geschichte finden will, wird vergeblich suchen. Ich gestehe gern, ich habe diese Geschichte für meinen Freund Günther Hämmerle erfunden.

Giganten und andere Ungeheuer

Von Saurierartigen und einem menschlichen Werkzeug – Von Typhon und den Flachsen Gottes – Von Chiron, dem Guten, und einem Heilkraut

Im Gegensatz zum biblischen Gott, der ja von den Mächten des Bösen, von Luzifer und seinen Genossen, nie ernstlich in seiner Macht gefährdet war, mußten sich die griechischen Götter mehrfach zusammentun, um ihre Macht zu verteidigen.

Wer vielleicht während seiner Schulzeit – später kommt man ja nicht mehr dazu – Auszüge aus »Paradise Lost« gelesen hat, ein sehr merkwürdiges Werk übrigens, in dem John Milton Satan in seiner ganzen Herrlichkeit beschreibt, einer schwarz polierten Herrlichkeit, ein faszinierender Engel fürwahr, der bei seinem Sturz den halben Himmel mit sich hinabreißt, wer in diesem Epos gelesen hat, der konnte beobachten, daß Satan hier etwas Symbolisches an sich hat. Der Satan des John Milton steht für eine Idee, er ist letztlich Ideologie. Daher rührt seine Unnahbarkeit in diesem Werk. John Miltons Bild des Satans ist nicht mit naiv-kräftigen Strichen gezeichnet, es ist vom Geist des Puritanismus in Zwischentöne gesetzt, schon kündet sich die Aufklärung an. Die Aufklärung hat die Frage »Was ist?« zugunsten der Frage »Was bedeutet?« verdrängt.

Dagegen die Figuren in der griechischen Mythologie: Was sie sind, sind sie. Nicht mehr und nicht weniger. Ein Gott ist ein Gott ist ein Gott. Nur wir Heutigen, Nachfahren John Miltons, die wir mit dem Wirklichen, das uns in den Geschöpfen der Mythen begegnet, wenig anzufangen wissen, wir versuchen ihnen symbolischen Wert zu geben. Bei allem meinen wir, hinter die Oberfläche schauen zu müssen. Wir psychologisieren oder soziologisieren oder esoterisieren. Was stellen diese Götter dar? Was sind Götter wirklich und eigentlich? Wofür stehen sie? Was spiegeln sie wider? Das ist quälender akademischer Unsinn.

Die Götter, die Giganten, die Titanen, die Nymphen, die Heroen – sie sind, was sie sind. Und was sie sind, offenbaren sie uns in ihren Geschichten. Wer diese als Märlein abtut, braucht erst gar nicht in die Tiefe zu graben. Er wird nichts finden.

Der Olymp ist ein Berg, und auf diesem Berg thronend haben sich die Griechen die Götter vorgestellt – nicht sozusagen, nicht in einem übertragenen Sinn, sondern wirklich. Die Oberfläche beinhaltet alles. Manche Oberflächen sind allerdings sehr kompliziert.

Ich möchte von den Giganten erzählen, vom Kampf dieser fremden, uns tief fremden Wesen gegen die Götter. Kurz zur Erinnerung: Uranos, der Himmel, wurde von seinem Sohn Kronos entmannt. Aus den Blutstropfen, die auf die Erde fielen, wuchsen zunächst die Rachegöttinnen, die Erinnyen. Aber einige der Blutstropfen des Himmels gab die Erde nicht gleich frei. Die behielt sie in ihrem Schoß, und aus ihnen ließ sie die Giganten entstehen.

Die Giganten hielt Gaia noch lange in ihrem Schoß zurück, denn sie wollte sichergehen, daß sie voll ausgereift und stark und wunderbar und kräftig sind, denn Gaia haßte die neuen Machthaber, die Götter, und sie wollte sie mit Hilfe der Giganten stürzen.

Warum haßte sie die Götter? Was waren die Gründe? Ich weiß es nicht. Gaia ist die Einheit, sie trauerte ihrem Geliebten, Uranos, nach. Sie hatte zwar ihrem Sohn den Auftrag erteilt, sie vom Himmel zu trennen, den Himmel zu entmannen; aber sie trauerte ihm trotzdem nach.

Als Himmel und Erde noch beieinanderlagen in unendlicher Umarmung, da gab es nur das Eins. Alles war in allem enthalten, nichts war getrennt. Diesem Zustand trauerte Gaia nach. Mit den Göttern war die Spezialisierung gekommen, die Analyse, der Verstand, die konfliktreichen Leidenschaften. All das haßte Gaia. Die Menschen nahm sie damals noch gar nicht richtig wahr. Sie ahnte nicht, daß ausgerechnet von diesen kleinen, zarten, blassen, verletzbaren, sterblichen Mängelwesen ihr irgendwann einmal das größte Unheil widerfahren würde. Aber das ist ein anderes Thema...

Eines Tages war es dann soweit: Gaia ließ die Giganten aus ihrem Schoß ausschlüpfen. Wie muß man sich die Giganten vorstellen? Auf jeden Fall annähernd in Menschengestalt, darauf wird überall hingewiesen, jedoch viel größer, mächtiger, stärker. Ihr Körper lief am Ende in einen Schlangenkörper aus. Vielleicht kann man sie sich als eine Art Tyrannosaurus rex vorstellen.

Diese Wesen, sobald sie sich aus dem Erdenmutterleib gezwängt hatten, begannen sofort gegen den Olymp anzustürmen. Sie waren von Gaia auf den Kampf gegen die Götter programmiert worden. Ein Geschrei erfüllte die

Luft, das alle Frequenzen aufzehrte. Unter jedem Tritt dieser Unwesen erbebte die Erde, und sie erbebte gern.

Zeus und die anderen Götter nahmen diesen Angriff keineswegs auf die leichte Schulter. Sie wußten, das sind ernstzunehmende Feinde, Feinde, die sich durch nichts von ihrem Ziel ablenken lassen, weil es außer Kampf für sie nichts anderes gibt.

Und noch etwas: Aus Pflanzengeflüster, das Hestia, die im allgemeinen recht langweilige Göttin des friedlich glosenden Herdfeuers, zu deuten vermochte, hatten die Götter erfahren, daß Gaia ein Kraut hatte wachsen lassen, welches die Giganten, ihre Söhne, unsterblich machte.

Was tun? Zeus gab Befehl an Sonne und Mond, nicht mehr zu scheinen, damit das Kraut nicht aufkäme. Aber es war ein Schattenkraut, das Kraut liebte die Dunkelheit, war geradezu vernarrt danach, in der Dunkelheit saugte es seine Blätter voll mit Unsterblichkeitssaft. Die Giganten fanden das Kraut, sie aßen es und waren unsterblich. Allerdings – unsterblich waren sie nur im Kampf gegen die Götter, das heißt, die Götter konnten die Giganten nicht töten. Aber da gab es ja noch andere Wesen auf der Welt...

Ich sagte es bereits: Gaia hatte den Menschen, dieses kleine, blasse Lebewesen, das auf ihrer Haut herumkrabbelte, noch nicht ernst genommen.

Zeus sprang über seinen Schatten, vergaß seine tiefe Abneigung gegen uns. Er berief den Götterrat ein und sagte: »So, wir werden die Giganten besiegen. Aber wir müssen einen sterblichen Verbündeten an unserer Seite haben, einen Menschen. Denn im Kampf gegen uns Götter sind diese Giganten unbesiegbar. Sie können von uns nicht getötet werden. Aber der Schlag eines Menschen müßte sie, wenigstens theoretisch, töten können.«

»Wenigstens theoretisch«, äffte ihn Apoll nach. »Was soll das heißen?«

Zeus und Apoll hatten große Probleme miteinander. Wir werden davon noch hören. Es ist der klassische Vater-Sohn-Konflikt.

Zeus überhörte also die Frage seines ältesten Sohnes. Er wandte sich an seine Gattin und sagte: »Liebe Hera, das Folgende ist nicht gegen dich gerichtet. Ich werde mit einer Menschenfrau einen Sohn zeugen. Nicht weil ich es will, tue ich es, sondern weil ich es muß. Dieser Sohn wird uns im Kampf gegen die Giganten beistehen.«

Halt, halt! – Die Giganten stürmten bereits den Olymp, da sucht sich Zeus eine Menschenfrau, zeugt mit ihr einen Sohn, den die Frau ja auch erst noch neun Monate austragen muß, dieser Sohn muß dann auch noch zum Mann heranwachsen – wie soll sich das zeitlich ausgehen? Solche Fragen sind zwar erlaubt, aber nicht sinnvoll. Oder soll Götterzeit mit Menschenzeit vergleichbar sein? Doch wohl nicht.

»Also«, sagte Zeus zu Hera, »sei du nicht eifersüchtig. Ich betrüge dich nicht, ich treffe Vorkehrungen! Ich zeuge einen Sohn.«

Die Eifersucht läßt sich mit Argumenten nicht beruhigen. Und Hera haßte diesen Sohn mehr als alle anderen Bastarde, die Zeus gezeugt hatte. Dabei war ihm ein Name gegeben, der bedeutete: Heras Ruhm. Aber diese Anbiederung fruchtete rein gar nichts, ihren flammenden Zorn entlud die Göttin auf – Herakles. Ja, *er* war es, den Zeus zeugte, um einen menschlichen Mitstreiter im Krieg gegen die Giganten an der Seite der Götter zu haben.

Herakles war gerade rechtzeitig erwachsen geworden, um sich an diesem Kampf zu beteiligen. Die Rechnung der Götter ging auf. Bald war der Kampf für die Götter entschieden. Die Giganten rupften ganze Eichenwälder aus und warfen sie auf den Olymp. Es nützte ihnen nichts. Die Götter knüppelten sie zuletzt auf den Boden, und den Todesstoß versetzte ihnen Herakles. So sah die Arbeitsteilung aus. Irgend jemand wird sich hinterher wohl auch gefunden haben, um oben im Olymp wieder aufzuräumen.

Die Giganten waren besiegt. Diese Gefahr war also von den Göttern abgewendet. Aber Gaias Groll war nicht besänftigt, im Gegenteil.

»Aha«, sagte sie zu sich selbst, denn die Erde spricht gern mit sich selbst, »aha! So haben die das gemacht. Sie haben sich einen Kämpfer nach Maß hergestellt. Das kann ich auch.«

Gaia sah sich um nach einem geeigneten Bettgenossen, der sie schwängern sollte. Sie wollte ein Wesen aus sich hervorbringen, das mächtiger, größer und furchtbarer war als die Giganten, mächtiger, größer, furchtbarer als alles, was je auf ihrer Haut sich bewegt hatte.

Und Gaia holte sich den schrecklichsten Gatten, der sich denken läßt, den finstersten Gesellen der gesamten griechischen Sagenwelt, nämlich Tartaros.

Tartaros ist zweierlei. Einerseits ist er ein Wesen, andererseits ein Ort. Als Ort verkörpert er den finstersten Abgrund im Hades, die unterste und grausigste, einsamste Hölle. Diesen Alptraum, der gleichzeitig ein Ort und ein Wesen ist, wie ja auch Gaia zugleich ein Wesen und ein Ort ist, diesen Tartaros holte sie sich und ließ sich von ihm begatten.

Sie gebar Typhon. In einem gigantischen Ei aus Stein reifte er heran. Als er groß genug war, sprengte er die steinerne Eischale von sich ab und erhob sich auf der Erde. Es war das grauenhafteste Wesen, das je auf dieser Erde aufgestanden ist. Es war wie aus Angst- und Fieberträumen gestiegen. Hesiod – er ist neben Homer der älteste und ehrenwerteste der griechischen Schriftsteller – hat in seiner »Theogonie« den Typhon beschrieben, und ich möchte mit seinen Worten dieses Monster vorführen.

Hesiod schreibt: »Seine Hände sind stark und fähig zu werken, unermüdlich die Füße, aus den Schultern wachsen ihm hundert Köpfe einer Schlange, eines furchtbaren Drachens, leckend mit schwärzlichen Zungen, aus seinen Augen in den ungeheuren Köpfen brach unter den Brauen Feuer hervor. Aber in all den schrecklichen Köpfen waren Stimmen, die mannigfache, unsagbare Laute ausstießen, bald tönten sie in der Sprache der Götter, bald wie ein stark brüllender Stier von ungezähmter Kraft und herrlicher Stimme, bald wie ein Löwe von wildem Mut, bald jungen Hunden ähnlich, ein Wunder zu hören, bald aber pfeifend, daß die hohen Berge widerhallten.«

Dieses gräßliche Geschöpf ließ keine Zeit verstreichen. Es erhob sich aus den Trümmern seines Eis, blickte sich um und marschierte schnurstracks auf den Olymp zu. Die Götter erstarrten, als sie Typhon sahen.

Andere Schriftsteller haben sein Äußeres noch attraktiver in seiner Schrecklichkeit ausgestattet, sie sagten, er habe in der Mitte all seiner Schlangenköpfe einen riesigen Eselskopf stehen gehabt, der die Sterne berührt haben soll, so hoch habe er sich emporgehoben.

Die Götter scharten sich um Zeus. Sie vertrauten auf die stärkste Waffe des Göttervaters, nämlich auf seine Blitze.

Zeus sagte: »Macht ein wenig Platz!« und schleuderte seinen ersten Blitz gegen Typhon.

Dieser Blitz prallte an diesem Wesen ab, gerade daß Typhon ein wenig verwundert den Kopf schüttelte. Welchen Kopf? Irgendeinen, einen kleinen Nebenkopf. Das war alles.

Zeus wurde nervös. »Ihr dürft nicht so nah um mich herum stehen«, schimpfte er, »ich kann nicht richtig zielen.«

Er schoß einen zweiten Blitz ab. Irgendein anderer Nebenkopf des Typhon schüttelte sich. Mehr war nicht.

Den dritten, vierten, fünften Blitz, sie registrierte Typhon gar nicht mehr, er stampfte weiter auf den Olymp zu. Ein Tritt in die Adria, die spritzte auf, wie wenn ein Auto durch eine Pfütze fährt.

Da packte die Götter das Grauen. – Nein, meine olympischen Freunde, es ist nicht wie bei eurem Kollegen, dem biblischen Gott, dessen Macht in keiner Weise und nie vom Teufel gefährdet war. Hier kommt Typhon, und eure Macht ist aufs äußerste gefährdet, jawohl!

Die Götter hatten Angst. Sie hatten so große Angst, daß sie davonliefen. Sie rannten vom Olymp herunter mit eingezogenen Köpfen. Sie rannten und rannten und rannten und rannten bis nach Ägypten. In Ägypten versteckten sie sich.

Aber wie und wo kann sich um Himmels willen ein Gott verstecken? Die Götter Griechenlands versteckten sich, indem sie in Tiere krochen. Zeus kroch in einen Widder, Hermes wurde ein Ibis, Hera wurde eine Kuh,

Artemis wurde zur Katze, Apoll eine Krähe, Dionysos eine Ziege, Aphrodite ein Fisch. So versteckten sie sich in Tiergestalten. Vielleicht ist diese Geschichte aber auch nur ein Trick irgendwelcher graecophilen Mythographen, ich werde erklären, was ich damit meine.

Daß Zeus zum Beispiel ausgerechnet ein Widder wurde, ist nicht zufällig, hat natürlich seine Gründe: Der ägyptische Gott Amon trat als Widder auf, Hermes war Thot in der Form des Ibis, Hera als Kuh war Isis, Artemis als Katze war Path und so weiter und so fort. Schlaue Mythographen haben die Götter ins Exil nach Ägypten geschickt und haben so nebenbei die gesamte ägyptische Götterlehre in Abhängigkeit zu den Olympiern gebracht. Mythologische Kolonialisierung nennt man das.

Typhon tritt übrigens auch in der ägyptischen Mythologie auf, in einiger Umformung freilich, er heißt dort Seth und ist der böse Bruder des Osiris. Aber das nur nebenbei.

Eine einzige Gottheit übrigens rannte nicht feige vom Olymp davon, als Typhon auftauchte, sie bot diesem Wesen Gegenwehr, es war Pallas Athene. Mit dem Schild an ihrem linken Unterarm, ihrer Lanze in der rechten Hand, so stand sie auf der Felskrone und rief dem Monster entgegen: »Sei gefaßt auf meine Klugheit, du Inbegriff eines primitiven Idioten!«

Damit wollte sie Typhon verunsichern. Aber verunsichern kann man nur jemanden, der denkt. Typhon ließ sich nicht verunsichern.

Und nun rief Athene vom Olymp herunter über das Meer nach Ägypten: »Was seid ihr für feige Götter!« und rief ihrem Vater Zeus zu: »Du willst unser Beschützer sein und läufst davon! Und läßt mich, dein Töchterchen, allein!«

Das nahm sich Zeus doch zu Herzen. Er schlüpfte aus seinem Widder und sagte zu den anderen: »Wir können sie nicht allein dort oben lassen. Kehren wir zurück!«

»Und wie willst du dem Typhon entgegentreten?« fragte Apoll.

Zeus kramte die goldene Sichel hervor, mit der sein Vater Kronos den Himmel entmannt hatte.

»Mit dieser Sichel werde ich Typhon erledigen«, sagte er. Seine Stimme klang eher nüchtern als zornig, eher resigniert als siegesgewiß, eher gebrochen als gestählt.

Aber Zeus marschierte tapfer auf dieses Unwesen zu, das in vielen Sprachen und mit vielen Stimmen permanent unglaublichen Blödsinn redete.

Was geschah?

Zeus baute sich vor Typhon auf und rief: »Ich bin Zeus, der oberste Gott. Ich verlange Respekt. Ich bin bereit zu verhandeln. Es ist nicht so, daß wir Götter unbedingt alles brauchen. Man kann teilen. Ich schwöre bei dieser Sichel hier, die mir ein Heiligtum ist, daß ich...«

Weiter kam er nicht. Typhon, mit einer kleinen, unabsichtlichen Nebenbewegung einer seiner vielen Hände, nahm Zeus die Sichel weg. Da stand nun Zeus wie ein Bub vor dem Schulwart. Und unter sich spürte er ein Zittern und Knacken. Das war Gaia, die voll Schadenfreude kicherte.

In einer weiteren Nebenbewegung einer seiner vielen Hände packte Typhon den Göttervater, und ritschratsch, ritsch-ratsch schnitt er ihm alle Sehnen aus dem

Körper. Und nun stand Zeus nicht mehr. Nun lag er. Lag da wie ein alter Vorhang, der von einem Fenster gefallen war.

Armer Zeus, möchte man sagen, aber der Respekt vor dieser Gottheit verbietet es uns, ihn als arm zu bezeichnen, er hätte es ganz bestimmt aus einem Menschenmund nicht gerne gehört.

Typhon schleppte Zeus in eine Höhle. Dort lag er ohne seine Sehnen. Konnte sich nicht rühren. Konnte nicht sterben. Zeus war ja unsterblich. Typhon hätte ihn nicht töten können.

Dennoch hielt es Typhon für richtig, Zeus zu bewachen. Besser gesagt: Gaia hielt es für richtig. Sie kannte seine Verschlagenheit und seine Unberechenbarkeit, und die Klugheit einiger anderer Götter kannte sie auch. Sie ließ Zeus bewachen, und seine Sehnen, die auf einem Häufchen neben ihm lagen, ließ sie ebenfalls bewachen, und zwar von einem Drachen namens Delphyne.

Wir wollen diesen Drachen ein wenig näher betrachten, einfach deswegen, weil sein Name dem größten Orakel der Griechen den Namen gegeben hat, nämlich Delphi. Delphyne war halb Schlange und halb Weib. Sie war ebenfalls von Gaia geboren worden, und sie hauste in jenem Spalt, aus dem Gaia alle ihre Wesen hervorgebracht hat. Es ist dieser Spalt, über dem Uranos, ihr erster Mann, entmannt worden war. Delphyne war die Gattin des Drachen Python. Auch Python war eines dieser Erdgewächse, die Gaia hervorgebracht hat. Apoll war es, der später erkannte, daß dieser Ort, an dem Delphyne hauste, ein idealer Platz für ein Orakel war. Denn aus diesem Spalt stieg die Weisheit der Erde empor.

Delphyne also bewachte die Sehnen des Zeus. Sie tat es, indem sie einfach dasaß und schrecklich war.

Hermes machte sich mit seinem Freund Pan auf die Suche nach Zeus. Und sie fanden ihn. Sie fanden ihn hilflos. Sie sahen auch die Sehnen. Und sie sahen auch Delphyne.

Hermes flüsterte: »Dieses Wesen hat vor gar nichts Angst. Aber ich habe Angst vor diesem Wesen.«

Und Pan, dieser wilde Waldgott, der sich in Dingen auskannte, von denen Hermes keine Ahnung hatte, begann die Stimme der Delphyne zu studieren.

Er sagte zu Hermes: »Du hast recht. Dieses Wesen hat vor gar nichts Angst – außer vor einem Wesen, das ähnlich ist wie es selbst.«

Und dann ahmte Pan die Stimme, die entsetzlich kreischende Stimme der Delphyne nach. Da erschrak zuerst Hermes, und dann erschrak Delphyne. Und Hermes faßte sich und nutzte ihre Unaufmerksamkeit und stahl die Sehnen und lud sich Zeus auf und trug die Sehnen und Zeus aus der Höhle. Und während Pan mit seinen Faxen Delphyne weiter ablenkte, brachte Hermes den Göttervater und seine Flachsen in Sicherheit.

Bald war Zeus wiederhergestellt. Aber wir sehen: Allein hätten es die Götter nicht gegen Typhon geschafft. Einen zweiten Angriff hätten sie wohl nicht überlebt. Deshalb traten nun die Schicksalsgöttinnen auf den Plan. Immer wieder mischen sich die Schicksalsgöttinnen ein, die Moiren. Man weiß wenig über sie. Auch die Griechen wußten nur wenig über die Moiren. Sie waren mächtige Gottheiten, sogar Zeus war von ihnen abhängig. Ihr Wort galt. Immer. Unbedingt.

Und die Moiren entschieden: »Nein, Typhon, dieses

primitiv-idiotische Monster, soll die Welt nicht beherrschen!«

Sie lockten Typhon zu sich und sagten ihm: »Wir wollen dir Speise und Trank anbieten, du mußt ja kräftig sein in deinem letzten Kampf.«

Und sie gaben ihm Menschennahrung zu essen, das sind feinst zubereitete Schwachheiten. Die schmeckten dem Typhon! Er wollte immer mehr Menschennahrung, und die Moiren gaben sie ihm.

Ein wenig peinlich berührt sehen wir, daß die Menschennahrung den Typhon so sehr schwächte, daß er sich im Endkampf gegen Zeus wie ein nur zur Hälfte aufgepumpter Badefrosch benahm und unterlag. Zeus hob die Insel Sizilien hoch und schlug sie dem Typhon auf den Schädel. Er begrub ihn einfach unter der Insel. Seinen Feueratem kann man ab und zu bewundern – wenn der Ätna spuckt.

Es bewegen sich durch die griechische Sagenwelt noch eine ganze Reihe von Halbwesen oder mehrgestaltigen Wesen, die zusammengesetzt sind aus Menschen und verschiedenen Tieren. Sie alle wären einer näheren Betrachtung wert. Die Sphinx zum Beispiel. Von ihr haben wir schon erzählt im Zusammenhang mit Ödipus. Oder die Chimaira – sie ist ein feuerspeiendes Ungetüm, vorne ein Löwe, in der Mitte eine Ziege, hinten eine Schlange, durchaus interessant. Sie wird uns in der Geschichte von Bellerophon begegnen. Es wird übrigens, so viel sei verraten, ihr letzter Auftritt sein. Von der Hydra werden wir erzählen, wenn Herakles auf sie trifft. Vom Kerberos, dem Schrecken verbreitenden Höllenhund, werden wir ebenfalls noch berichten.

Aber es gibt auch Monster, Mischwesen, die aus Tieren und Menschen zusammengesetzt sind, die nicht böse sind. Das prominenteste und zugleich liebenswürdigste dieser Wesen ist der Kentaur Chiron. Er wurde von Kronos gezeugt, als der gerade in ein Pferd verwandelt war und es mit einer Stute trieb, in die er sich verliebt hatte. Chiron erscheint folglich pferdegestaltig, hat aber Kopf und Arme eines Menschen.

Chiron ist einer der berühmtesten Ärzte und Wohltäter des griechischen Altertums. Er war auch ein berühmter Lehrer. Er hat Jason erzogen. Er hat Achill erzogen. Er war ein Freund von Herakles, ein Freund von Apoll. Vor ihm neigten sich selbst die Götter in Ehrfurcht. Sie bewunderten seine Güte und anerkannten seine geistige und moralische Größe. Nicht zuletzt aus diesem Grund fand die legendäre Hochzeit zwischen Peleus und Thetis in seiner Höhle statt.

Eine kleine Anekdote zum Schluß dieses Kapitels: Sie betrifft das sogenannte Tausendguldenkraut. Es gab in römischer Zeit ein Heilkraut, das wurde Centaurum genannt. Im Mittelalter meinte man, dieses Wort leite sich vom lateinischen centum = hundert und von aurum = Gold ab, und ein volkstümlicher Hang zur Übertreibung modelte den Namen dieses Krautes um in Tausendguldenkraut. Die Ableitung ist vollkommen falsch. In Wahrheit hieß das Kraut Centaurum nach seinem Erfinder, nämlich nach dem Kentauren Chiron. Es ist das Kraut des Kentauren, das den Wunden Linderung bringt.

Chiron starb übrigens einen schrecklichen, merkwürdigen und auch rührenden Tod. Eigentlich war er ja unsterblich. Als Sohn des Kronos wäre er eigentlich unsterblich. Er verletzte sich eines Tages an einem Giftpfeil des Herakles. Dieses Gift machte unglaubliche Schmerzen, und zwar Schmerzen bei Menschen und bei Göttern. Und gegen dieses Gift nützte auch kein Heilkraut. Chiron schrie und krümmte sich unter Schmerzen. Er wußte, er würde ewig schreien und ewig sich krümmen müssen, weil er ja unsterblich war. Er wußte, dieses Gift in seinem Körper wird nicht nachlassen, ihn zu quälen.

Da kam Prometheus des Weges, und Prometheus schlug ihm einen Tausch vor.

Er sagte: »Gib du mir deine Unsterblichkeit, und ich gebe dir dafür meine Sterblichkeit.«

Chiron tauschte. Er konnte endlich sterben und war von seinen Qualen erlöst.

Prometheus war nun unsterblich. Aber es war für ihn kein besonders guter Tausch. Er wurde an den Kaukasus genagelt, und er mußte ewig leiden, ewig, denn nun war er unsterblich.

Bellerophon

Von König Glaukos und einem verirrten Pfeil – Von Lügen und fliegenden Pferden – Von der Chimaira und von folgsamen Wassern – Von Übermut und Fall

Es war einmal ein König, der hieß Glaukos. Dieser König war ein Pferdenarr, er besaß ein weltweit berühmtes Gestüt. Er weigerte sich, seine Stuten am Fest der Aphrodite von Hengsten decken zu lassen. Er behauptete nämlich, und das war eine Herausforderung an die Göttin der Zeugungskraft, er könne das zusammen mit seinem Pferdezüchter besser, als das Aphrodite mit ihrer ganzen Göttlichkeit herbrächte.

Aphrodite war gekränkt, sie war beleidigt, und sie war zornig. Sie ging zu Zeus und bat um Erlaubnis, den Glaukos bestrafen zu dürfen. Sie behauptete, und das war eine Lüge – Lügen spielen in dieser Geschichte eine nicht zu unterschätzende dramaturgische Rolle –, Glaukos füttere seine Stuten mit Menschenfleisch. Deshalb, sagte Aphrodite, seien des Glaukos Pferde bei den Wettrennen die besten. Glaukos organisierte nämlich gern Wettrennen und forderte alle seine Nachbarkönige auf, ihre Pferde gegen seine in die Konkurrenz zu schicken.

Dieser König Glaukos hatte einen Sohn, der hieß Hyponoos. Auch Hyponoos liebte die Pferde, aber er war nicht interessiert an Pferderennen und auch nicht an Pferdezucht. Sein großes Vorbild war der Held Perseus.

Hyponoos war ein verträumter junger Mann. Den ganzen Tag brachte er mit Träumereien zu, er stellte sich vor, er sei so ein Held wie Perseus. Er sah sich neben ihm stehen. Und die schönste Phantasie war: Er, Hyponoos, bezwinge den Pegasos.

Erinnern wir uns an die Sage vom Helden Perseus: Als Perseus das Haupt der Medusa abschlug, befreite er aus ihrem Körper das Pferd Pegasos, es rauschte aus dem Stumpf ihres Halses empor, ein geflügeltes Pferd, und es flog davon. Dieses Pferd ist bis heute ein Symbol für die Kraft der Dichtung, für die Kraft der Phantasie.

Diesen Pegasos wollte Hyponoos besitzen, ihm träumte er nach. Ansonsten tat er nicht viel, er lag den ganzen Tag im Gras herum und beobachtete den Himmel.

Nun schickte Aphrodite diesem Sohn ihres Widersachers Glaukos eines Tages eine Vision. Sie hatte von Zeus die Erlaubnis bekommen, den Glaukos zu bestrafen. Wie sie das mache, sei ihre Sache, sagte der Göttervater.

Aphrodite formte eine Wolke am Himmel, so daß diese Wolke aussah wie ein Pferd mit Flügeln, wie Pegasos. Hyponoos sprang auf, nahm Pfeil und Bogen, band eine Schnur an den Pfeil, er wollte Pegasos ja nicht töten, sondern einfangen, zielte auf die Wolke und schoß den Pfeil ab. Der Pfeil flog nach oben, flog nach unten und traf, von Aphrodite gelenkt, den Belleros, nämlich den genialen Züchter der Rosse, der im Dienst des Königs Glaukos stand. Belleros war tot.

Der Pfeil hatte ihn aber gerade in dem Augenblick getroffen, als er die Pferde zum Rennen vorführen wollte. Die Pferde wurden konfus und liefen durcheinander, stolperten übereinander, wurden zornig und aggressiv. Glaukos eilte herbei. Die Pferde bäumten sich auf, und schließlich wandten sie sich gegen ihren Herrn. Sie fraßen Glaukos auf. Das hatte sich Aphrodite als Strafe für Glaukos ausgedacht, weil der nicht bereit war, seine Pferde an ihrem Feiertag decken zu lassen.

Man suchte nach der Ursache des Malheurs, sah, daß der Pfeil, der in Belleros' Brust steckte, an einer Schnur hing, ging der Schnur nach und fand Hyponoos.

Der Unglücksschütze hatte von diesem Tag an einen Spitznamen weg, er wurde Bellerophon genannt, das heißt soviel wie »Der, der den Belleros getötet hat«.

Als Bellerophon ging er in die griechische Mythologie ein, und er hat einen guten Platz unter den Helden in der ersten Reihe.

Aber den Hof seines Vaters mußte er verlassen, denn das Unglück, das geschehen war, wurde ihm allein angelastet.

Bellerophon zog also durch die Welt, und auf seiner Reise kam er an den Hof eines Königs namens Proitos. Dieser König nahm ihn freundlich auf.

»Du hast einen geraden Blick«, sagte Proitos. »Ich vertraue dir. Bewege dich an meinem Hof, als wäre es der deine. Ich weiß, du wirst nichts tun, was mir schaden könnte.«

Aber Proitos' Frau Anthaia verliebte sich in Bellerophon. Sie bemühte sich mütterlich um den jungen Helden, sie bot ihm ihr Ohr, wenn er von seinen Sorgen erzählte. Sie tröstete ihn, und wenn sie ihn tröstete, streichelte sie ihn. Deshalb tröstete sie ihn gern.

Bellerophon erzählte ihr die ganze Geschichte, was geschehen war mit dem Pfeil, daß er schuld sei am Tod seines Vaters, daß er seine Heimat verlassen mußte. Er erzählte, und Anthaia tröstete.

Bellerophon erzählte ihr, daß es das Ziel seines Lebens sei, eines Tages Pegasos, das geflügelte Pferd, zu besitzen.

Anthaia streichelte ihn und sagte: »Weißt du, mein Freund, manchmal verfüge ich über hellseherische Fähigkeiten. Dann sehe ich, was geschehen wird. Das war letzte Nacht der Fall. Ja, ich habe gesehen, daß du diesen Pegasos besitzen wirst. Ich weiß auch, was du dafür tun mußt.«

»Sag es mir«, rief Bellerophon aufgeregt. »Ich werde alles tun, damit ich dieses Pferd, diesen Schatz, besitze.«

Anthaia sagte: »Bau einen Altar für Aphrodite, und lege dich am Abend auf diesen Altar, und schlafe auf diesem Altar. In der Nacht wird Aphrodite zu dir kommen. Ganz egal, was geschehen wird, tu, was sie von dir will. Dann wirst du Pegasos besitzen.«

Bellerophon zögerte nicht, er baute den Altar für Aphrodite und legte sich am Abend auf den Altar und schlief ein. In der Nacht wachte er auf, weil er merkte, es war jemand gekommen. Er öffnete die Augen und sah: Es war nicht Aphrodite, die er erwartet hatte, sondern es war Anthaia, die Frau des Königs Proitos, der ihm so viel Vertrauen entgegengebracht hatte.

Anthaia wollte mit ihm schlafen. »Komm«, sagte sie, »es ist Aphrodites Wille. Begehe nicht denselben Fehler wie dein Vater. Wenn Aphrodite ihren Willen nicht bekommt, rächt sie sich schrecklich.«

Und Anthaia stieg zu Bellerophon auf den Altar. Aber er stieß sie beiseite, er wollte die Gastfreundschaft des Proitos nicht beleidigen.

Anthaia, die in ihrem Stolz verletzt war, ging zu ihrem Mann und behauptete: »Dieser junge Kerl, dieser Bellerophon, dem du so großzügig dein Vertrauen geschenkt hast, wollte mich in der letzten Nacht vergewaltigen!«

Proitos glaubte seiner Frau. Er wollte Bellerophon töten. Aber es galt ein Gesetz, daß man sich an einem Gast nicht vergehen darf, ganz egal, was er auch gemacht hat. Wenn man das tut, schickt man sich selbst die Erinnyen auf den Hals. Und das wollte Proitos ganz bestimmt nicht.

Er schrieb einen Brief, versiegelte diesen Brief, sprach nicht mit Bellerophon über die Sache, sondern sagte nur zu ihm: »Bellerophon, mein Gast, sei so gut und tu mir einen Gefallen. Bringe diesen Brief zu meinem Schwiegervater, Iobates! Er wohnt drei Tagesreisen von hier, bitte gib den Brief dort ab.«

Bellerophon, dieser freundliche junge Mann, tat dem König gerne einen Gefallen, und er machte sich auf den Weg. Er war selbstverständlich nicht so vorlaut, den Brief zu öffnen, um nachzuschauen, was darin stand. Bellerophon war ein ehrlicher Mann. Wir wissen, was in dem Brief an Iobates, den Schwiegervater des Proitos, stand.

»Töte den Überbringer dieses Schreibens«, stand da. »Töte ihn! Er wollte deine Tochter vergewaltigen!«

Nun kam also Bellerophon an den Hof von Iobates, und dieser nahm den Brief entgegen. Aber Iobates ließ sich Zeit, er hatte seinen Schwiegersohn als einen ziemlichen Langweiler in Erinnerung. Was wird der mir schon groß schreiben, dachte er. Er öffnete diesen Brief nicht gleich, ließ ihn einige Tage liegen.

Außerdem interessierte ihn dieser junge Mann, der sich selbst Bellerophon nannte, er war ihm sehr sympathisch.

»Nimm Platz«, sagte er zu ihm. Es war Abend. »Der Brief hat Zeit.«

Er gab ihm Wein zu trinken, dann war es schon sehr spät, und er sagte: »Ach, ich werde diesen Brief morgen öffnen. Du hast einen geraden Blick. Ich vertraue dir. Bewege dich an meinem Hof, als wäre es der deine. Ich weiß, du wirst nichts tun, was mir schaden könnte.« Und er wies Bellerophon in seine Unterkunft.

Der nächste Tag war sehr schön, Jagd war angesagt, Iobates lud Bellerophon dazu ein. Das beste Pferd stellte er ihm zur Verfügung, und er war begeistert, wie geschickt der Jüngling damit umgehen konnte.

Sie zogen hinaus aufs Feld, und Iobates bemerkte, daß Bellerophon ein Auge auf seine jüngste Tochter geworfen hatte, auf Philonoë. Er merkte auch, daß auch Philonoë den Bellerophon sympathisch fand. Das war dem Iobates ganz recht.

Diese Tochter Philonoë war das gute Kind, sie ist das gute Kind in dieser Geschichte. Man kennt das ja aus den Märchen der Brüder Grimm, da gibt es auch ja oft zwei Töchter, eine ist gut, treu und zurückhaltend, die andere ist aggressiv, geil und böse. In unserem Fall war Philonoë die gute Tochter, und ihr Vater Iobates sah es gern, daß sie sich in Bellerophon verliebt hatte.

Erst nach zehn Tagen kam Iobates auf die Idee, den Brief seines Schwiegersohnes zu öffnen. Er hatte ihn ganz vergessen, fand ihn zufällig und dachte: Ach ja, diesen Brief meines Schwiegersohnes muß ich ja auch noch lesen.

Er las die Botschaft: »Töte den Überbringer des Briefes, denn er wollte deine Tochter Anthaia vergewaltigen!«

Nun war Iobates in einen ähnlichen Konflikt geraten wie vor ihm sein Schwiegersohn Proitos. Auch er hatte zuviel Zeit verstreichen lassen, hatte den Bellerophon bereits bei sich als Gast aufgenommen. Auch Iobates wollte sich die Erinnyen nicht an den Hals hetzen. So dachte er sich eine List aus.

Er sagte zu Bellerophon: »Du bist ein kräftiger und tapferer junger Mann. Schau her, in unserem Reich herrscht ein Ungeheuer, das Menschenopfer fordert, das die Ernte zerstört, das die Tiere getötet. Es ist die Chimaira.«

Die Chimaira ist ein Ungeheuer, das den Kopf eines Löwen, den Körper einer Ziege und den Schwanz einer Schlange hat, und obendrein speit es Feuer.

Iobates sagte: »Bellerophon, wenn du dieses Ungeheuer tötest, dann bekommst du Philonoë, meine jüngste Tochter, zur Frau.«

Bellerophon wollte sich sofort auf den Weg machen, er war naiv und traute sich alles zu. Aber Philonoë kam zu ihm und sagte: »Bellerophon, du weißt, daß ich dich liebe.«

»Ich weiß es«, sagte Bellerophon.

»Darum«, sagte sie, »solltest du nur mir vertrauen und sonst niemandem. Willst du das?«

»Ich will es«, sagte Bellerophon.

Da warnte sie ihren Liebsten: »Unterschätze diese Chimaira nicht! Allein wirst du sie nicht besiegen können. Sie wird dich töten. Du wirst sie nur mit Hilfe des Pegasos, des fliegenden Pferdes, besiegen können.«

Bellerophon war begeistert, sagte: »Ja, dieses Pferd wollte ich eh immer besitzen! Sag mir, wie komme ich zu diesem Pferd?«

Philonoë sagte: »Also, paß auf. Baue einen Altar für die Göttin Pallas Athene. Leg dich am Abend auf diesen Altar, und schlafe auf diesem Altar.«

Bellerophon sagte: »Halt, halt, halt! Etwas Ähnliches habe ich bereits von deiner Schwester gehört. Ich habe getan, was sie sagte, und es hat mir Unglück gebracht.«

Philonoë sagte: »Nein, ich spreche die Wahrheit. Du hast versprochen, mir zu glauben. Meine Schwester lügt, sie lügt immer. Ich dagegen bin diejenige, die immer die Wahrheit sagt. Baue diesen Altar für Pallas Athene, lege dich darauf. In der Nacht wird etwas geschehen, und du wirst wissen, was du zu tun hast.«

Bellerophon glaubte ihr. Er baute den Altar für Pallas Athene, legte sich darauf und schlief ein.

In der Nacht hatte er einen Traum. In diesem Traum erschien ihm Pallas Athene, und sie sagte zu ihm: »Wenn du versprichst, daß du Zeus ein großes Opfer darbringst, dann wird am nächsten Tag ein goldenes Zaumzeug neben deinem Altar liegen.«

Im Traum versprach es Bellerophon. Und als er am nächsten Tag aufwachte, lag das goldene Zaumzeug neben ihm. Er nahm es in die Hand, und es war ihm, als zöge es ihn fort.

Bellerophon folgte dem Zaumzeug, und das Zaumzeug führte ihn zu Pegasos. Es entschwebte den Händen des Bellerophon und legte sich dem Pegasos an. Pegasos ließ den Bellerophon auf seinen Rücken steigen, und von nun an gehörte ihm dieses wunderbare geflügelte Pferd.

Nun war Bellerophon bereit, gegen die Chimaira in den Kampf zu ziehen.

Philonoë, jene kluge, schöne und liebenswerte Tochter des Iobates, warnte Bellerophon nochmals: »Du mußt wissen, wie man mit Pegasos umgeht. Wenn du ihn nicht richtig zügelst, dann wird es zu hoch hinauffliegen, und die Sonne wird dich verbrennen.«

»Wie mache ich das?« fragte er.

Da gab sie ihm zwei kindskopfgroße Bleikugeln, die er an den Sattel des Pferdes band, damit das Pferd nicht allzu hoch hinauffliegen konnte.

Bellerophon saß auf und flog im Gleitflug und mäßiger Höhe über die Erde dahin. Es war wunderschön, er konnte unten alles ganz deutlich erkennen und so die Gegend nach der Chimaira absuchen.

Dann sah er sie. Er kam gerade um ein Waldstück geflogen, und plötzlich stand sie unter ihm und äugte zu ihm empor. Es war kein großer Abstand zwischen den beiden. Sie schickte ihm einen Feuerstrahl entgegen. Bellerophon erschrak so sehr, daß er aus Versehen eine der Bleikugeln lostrat.

Die Bleikugel fiel nach unten und fiel ins Maul der Chimaira, die gerade einen neuen Feuerstoß absandte. Dieser neue Feuerstoß machte, daß das Blei schmolz, und es rann der Chimaira in den Hals und verbrannte und verglühte ihr die Innereien – sie war tot. Nichts mehr zu machen.

Auf diese Art und Weise und ohne jeden Kampf hatte also Bellerophon die Chimaira besiegt.

Er schleppte das tote Monster nach Hause zu Iobates und sagte: »So, was du von mir gefordert hast, ich habe es erledigt!«

Philonoë, die Tochter, stand neben ihrem Vater und freute sich, daß sie jetzt das Jawort ihres Vaters bekäme. Aber Iobates war entsetzt, weil er Bellerophon ja aus ganz anderen Gründen losgeschickt hatte.

Er sagte: »Ich kann dir meine Tochter nicht geben. Noch nicht. Du mußt noch eine zweite Aufgabe für mich erledigen.«

Er schickte Bellerophon ganz allein gegen ein feindliches Heer. Und wieder war es Philonoë, die ihrem Liebsten die richtigen Ratschläge gab.

Sie sagte: »Fliege über dieses Heer, und fliege hin und her wie eine Bremse, von rechts nach links, von vorne nach hinten, damit du die Soldaten verwirrst.«

Genau das tat Bellerophon, er flog, auf seinem Pegasos reitend, über dem feindlichen Heer kreuz und quer durch die Luft. Die Soldaten schossen ihre Pfeile nach ihm, den Pfeilen erging es ähnlich wie damals dem Pfeil des Bellerophon, als er auf die Wolke schoß: Sie flogen nach oben, und dann flogen sie nach unten. Und sie töteten die Soldaten, die sie abgeschossen hatten. Am Schluß lag das ganze Heer besiegt unter Bellerophon und Pegasos.

Bellerophon kehrte zu König Iobates zurück und sagte: »Es war ganz leicht, Iobates, ich habe alle deine Feinde an einem einzigen Nachmittag besiegt.«

Iobates war erfreut und entsetzt zugleich, er sagte: »Nein, ich gebe dir meine Tochter immer noch nicht.«

Das Gespräch zwischen Iobates und Bellerophon fand nicht in der Stadt statt, sondern draußen auf dem Feld. Iobates sagte zu Bellerophon: »Ich lasse dich nicht mehr in die Stadt hinein. Du bist mein Feind.«

Bellerophon war verwirrt: »Was habe ich denn getan? Was habe ich denn angestellt?« fragte er.

Iobates sagte: »Du wirst es selbst wissen. Verlaß diese Gegend, diese letzte Chance gebe ich dir.«

Da stand Bellerophon, wie aus den Wolken gefallen, da und sagte: »Aber ich habe doch alles erledigt, was du mir aufgetragen hast.«

Aber Iobates drehte sich schon weg und ging zurück in die Stadt. Als er von den Zinnen der Stadt aus sah, daß Bellerophon immer noch draußen stand, schickte er Truppen hinaus und befahl: »Verjagt ihn! Tötet ihn!«

Der König hörte nicht auf seine Tochter. Philonoë weinte und bat ihren Vater: »Laß ihn leben. Was hast du gegen ihn, sage es mir, es kann sich nur um ein Mißverständnis handeln.«

Iobates hörte ihr nicht zu.

Da kniete sich Philonoë nieder und betete. Sie betete zum Gott des Meeres, zu Poseidon. Sie sagte: »Laß irgend etwas geschehen, daß mein geliebter Bellerophon nicht getötet wird.« Sie versprach Poseidon, daß sie ihm eine Liebesnacht gewähren werde, wenn er ihre Bitten erhöre.

Einem solchen Angebot gegenüber war Poseidon nicht abgeneigt. Er schickte das Wasser an Land, befahl dem Wasser, es solle sich an Bellerophons Fersen heften.

Bellerophon ging ahnungslos auf die Stadt zu und rief: »Ich lasse mich hier nicht einfach wegschicken! Ich möchte wissen, was ich getan habe! Ich werde ungerecht behandelt! Hört, ihr Bürger!«

Die Menschen der Stadt, die oben auf den Zinnen standen, sahen, daß Bellerophon das Meer hinter sich herzog. Wenn er in die Stadt kommt, dann wird das Meer die ganze Stadt wegschwemmen, dachten sie. Und Bellerophon war nicht aufzuhalten. Da ergriffen nun die Frauen der Stadt die Initiative.

Bei den Frauen waren die Instinkte noch in Ordnung. Sie sahen diesen jungen Mann.

»Ganz egal«, sagten sie sich, »was der Grund ist, warum Iobates ihn so haßt und umbringen will, wir glauben nicht, daß dieser junge Mann, dieser Bellerophon, etwas angestellt hat.«

Ich sagte, sie ergriffen die Initiative. Wie sah das aus? Sie liefen auf Bellerophon zu, inzwischen war schon das ganze Land vom Meer überschwemmt, sie hoben ihre Röcke hoch, wateten durch das Wasser und riefen Bellerophon zu: »Nimm uns! Nimm uns, wir gehören dir!«

Darüber erschrak Bellerophon so sehr, daß er stehenblieb und sich schamhaft umdrehte und wieder über die Felder hinauslief. Und das Meer ging mit ihm.

Da erkannte nun auch Iobates, daß dieser junge Mann ganz bestimmt nicht seine Tochter Anthaia vergewaltigen hatte wollen, daß Anthaia wieder einmal gelogen hatte, daß sie Bellerophon zu Unrecht beschuldigt hatte. Er war froh, daß diesem Bellerophon nichts passiert war, daß er seine Aufgaben so glanzvoll gelöst hatte, und er entschuldigte sich bei ihm, erzählte ihm die ganze Geschichte und setzte den Tag der Hochzeit zwischen Bellerophon und Philonoë fest.

Diese ganze Geschichte ist so gebaut, daß man glaubt, es muß ein Happy-End geben, die Geschichte muß gut ausgehen. Die Sympathien sind ganz auf der Seite des jungen Mannes Bellerophon, er bekommt ja, was wir ihm wünschen, er bekommt seine geliebte Philonoë, und sie bekommt ja auch ihren geliebten Bellerophon. Aber ganz anders als die Geschichten, die in Hollywood produziert werden, gehen bisweilen die Geschichten aus, die der Volksmund sich erdichtet. Die Geschichte von Bellerophon geht nicht gut aus.

Bellerophon ließ keine Gelegenheit verstreichen, sich auf den Rücken seines geflügelten Pferdes zu schwingen und mit ihm durch die Lüfte zu fliegen. Eine dieser Bleikugeln war in den Rachen der Chimaira gefallen und hatte sie getötet. Die andere Bleikugel besaß er noch, um damit sein Pferd am Abschwirren zu hindern. Eines Tages, es war ein wunderschöner Tag, vergaß Bellerophon diese Bleikugel und setzte sich auf den Pegasos und flog unbeschwert, im wörtlichen Sinne unbeschwert, davon.

Philonoë merkte, daß er die Bleikugel vergessen hatte. Sie sah ihn nach oben ziehen, immer weiter nach oben, sah nur noch einen kleinen Punkt, und dann sah sie ihn nicht mehr.

Pegasos flog hoch und hoch, sein geflügeltes Pferd wollte hinauf zum Olymp. Zeus hatte auch gar nichts dagegen, daß ihn ein Sagenwesen besuchte, aber er hatte etwas dagegen, daß ein Sterblicher zu ihm in den Olymp kam. Zeus sah, wenn nicht gleich etwas geschieht, wird zum ersten Mal ein Sterblicher den Olymp besuchen. Das wollte keiner der Götter. Also schickte er ein kleines Tier aus, nämlich eine Bremse. Diese Bremse traf den Pegasos, setzte sich auf sein Hinterteil und stach zu. Pegasos bäumte sich in der Luft auf und warf Bellerophon ab.

Bellerophon fiel vom Himmel. Unten stand seine geliebte Philonoë und sah das Unglück. Da nahm sie das übriggebliebene Bleigewicht, hängte es sich um den Hals und stürzte sich ins Meer. Das war die versprochene

Liebesnacht mit Poseidon. So etwas überlebt ein junges Mädchen nicht.

Bellerophon schlug auf der Erde auf, aber er war nicht tot, er war lahm, und er war blind, weil er der Sonne zu nahe gekommen war.

So unberechenbar tragisch endete dieses strahlende Leben. Bellerophon kroch über die Erde, und es verliert sich seine Spur. Niemand weiß, wohin er gekrochen ist. Niemand weiß, wo und wie er schließlich und endlich geendet ist. Es verliert sich die Spur, und von seinem strahlenden Leben auf dem Rücken des Pegasos blieben am Schluß nur Traurigkeit und Elend übrig.

Demeter, Persephone, Hades

Von Iasion und einer zerschmetterten Liebe – Von Kore und einem brüderlichen Mädchenschacher – Von der Unterwelt – Von einem jahreszeitlichen Kompromiß – Von einem ambitionierten Liebhaber – Von einem freßsüchtigen König

Demeter gehört zum vornehmsten und ersten Stamm der Olympier. Sie ist eine Schwester von Zeus, von Hera, von Hestia, Poseidon, Hades. Sie hielt zu ihren Geschwistern eine gewisse Distanz, und das hatte seinen Grund:

Einst waren die Götter eingeladen zu einer großen Hochzeit, bei der ein Göttersproß, nämlich Harmonia, die Tochter der Aphrodite und des Ares, mit einem Sterblichen, mit Kadmos, dem Gründer von Theben, vermählt wurde. Bei dieser Feier verliebte sich Demeter, und zwar aufs heftigste, in Iasion.

Iasion, ein Sterblicher, einer aus dem Freundeskreis des Kadmos, der gekommen war, um Kadmos aus seiner Junggesellenschaft zu verabschieden, war ein bescheidener Mann, der äußerlich wenig hergab und auch sonst wenig Ambitionen hatte, ins Göttliche reichende schon gar nicht. Auch er verliebte sich.

Die beiden, Göttin und Mensch, besprachen sich heimlich, und sie waren sich einig, daß der Unterschied zwischen ihnen keine Rolle spielen sollte, Liebe und Begehren, meinten sie, sei bei Göttern und Menschen gleich. Ihr Begehren allerdings war so heftig, daß sie das Ende der Hochzeit nicht abwarten wollten. Sie liefen hinaus aufs Feld, und, wie es heißt, auf dem »dreimal gepflügten Brachfeld« schliefen sie miteinander.

Zeus vermißte seine Schwester, und er schickte Hermes los, der solle sie suchen, und Hermes fand sie. Er führte das Liebespaar vor den Göttervater.

»Was muß ich erfahren«, sagte Zeus zu Demeter. Den Iasion würdigte er keines Blickes.

»Laß ihr den Spaß«, sagte Hermes. »Es hat sie immer von uns weg hinunter zur Erde gezogen.«

Aber Zeus sah es nicht gerne, wenn es seine Geschwister mit Sterblichen trieben. Er selbst freilich nahm sich dieses Privileg selbstverständlich heraus. – Ein Privileg für einen Gott, mit einer Menschenfrau zu schlafen? Scheint so.

»Nein, ich will ihr den Spaß nicht lassen«, sagte er und schleuderte seinen Blitz auf Iasion und brannte ihn vor den Augen seiner Liebsten nieder.

Der wahre Grund für seinen Zorn ist nicht schwer zu erraten: Zeus war selbst in Demeter verliebt, und er wollte sie auf seinem Lager sehen, und seine Eifersucht war ebenso zweifelsfrei wie alle anderen seiner Leidenschaften. Ein Gott ist eifersüchtig auf einen Menschenmann? Scheint so. Aber Zeus genierte sich deswegen nicht.

Als das Hochzeitsfest für Kadmos und Harmonia zu Ende war und sich die Gäste, auch die göttlichen, verlaufen hatten, trat Zeus neben seine Schwester und sagte: »Du weißt, warum ich es getan habe?«

Demeter antwortete nicht.

»Ich sehe dir an, daß du es weißt«, sagte er.

In ihrer Trauer, ihrer Verzweiflung, in dieser Leere, dieser Depression, die Demeter befallen hatte, als ihr Geliebter Iasion vernichtet neben ihr auf der Erde lag, ließ sie ihrem Bruder seinen Willen und schlief mit ihm. Das heißt, sie ließ sich von ihm nehmen, willenlos, ohne Regung.

Demeter brachte ein Kind zur Welt, ein Mädchen. Dieses Mädchen nannte sie Kore. Sie versteckte das Mädchen vor ihrem Bruder. Sie kannte Zeus. Sein Blick, als sie und Iasion vor ihm gestanden hatten, blieb ihr ewig in Erinnerung. Ein terroristisches Verlangen war in diesem Blick gewesen, das radikale Liebesbegehren.

Kore war das schönste Götterkind. Ihre Augen strahlten schöner als die Augen der Aphrodite, ihr Mund war lieblicher als der Mund der Hera, und ihre Gestalt war stolzer als die Gestalt der Pallas Athene. Demeter versteckte ihr Kind in einer blühenden, üppigen Wiese. Sie versteckte es vor den zu erwartenden Nachstellungen ihres Bruders Zeus.

Kore saß in der Wiese und pflückte Blumen, hielt den Blick zur Erde gesenkt wie ihre Mutter, beobachtete die Käfer und das Gewürm.

Und wie Demeter befürchtet hatte: Nun entbrannte Zeus in Leidenschaft für seine Tochter. Dieser Zug von Melancholie zwischen Kores Augen und Mund reizte ihn außerordentlich, und gleichzeitig war es gerade diese Melancholie, die ihm Respekt einflößte. Melancholie hat etwas Majestätisches an sich.

Zeus wagte es nicht, Kore entgegenzutreten und ihr sein Begehren offen zu zeigen. Er näherte sich ihr als Schlange. Kroch als Schlange von hinten an sie heran. Als Schlange drang er in sie ein und befruchtete sie.

Kore, seine eigene Tochter, die er zusammen mit seiner Schwester gezeugt hatte, brachte den Zagreus zur

Welt. Über Zagreus habe ich an anderer Stelle schon ausführlich berichtet.

Zeus hatte also seinen Willen gehabt, aber es war noch jemand da, der Kore begehrte, vielleicht sogar noch heißer begehrte als Zeus, nämlich sein finsterer Bruder Hades. Hades ist der König der Unterwelt. Als Himmel und Hölle, Meer und Erde aufgeteilt wurden, hat er die untere Region bekommen, und er gab der Unterwelt seinen Namen – Hades.

Hades hauste unter der Erde, das Sonnenlicht hätte ihn blind gemacht, er konnte nicht nach oben kommen, um nach Kore zu suchen. Aber unter der Erde konnte er nicht feststellen, wo sich Kore gerade aufhielt. Normale Wesen, seien es Tiere, Götter oder Menschen, konnte er am Tritt ihrer Schritte orten. Nicht Kore. So sanft berührten ihre Sohlen die Erde, so zärtlich streifte ihr Fuß über das Gras, daß kein Geräusch nach unten drang.

Er bat seinen Bruder zu sich und sagte: »Gib mir ein Zeichen, Zeus! Ich will sie mir holen. Wo ist sie?«

Zeus, er hatte ja seinen Willen gehabt, ließ an der Stelle, wo Kore Blumen pflückte, eine blaue Hyazinthe aus dem Boden wachsen. Die Wurzeln der Hyazinthe zeigten Hades unter der Erde an, wo sich die Angebetete gerade aufhielt. Hades spannte seine blauen Pferde an und brach wie ein Vulkan aus der Erde. Er riß die kleine Kore an sich, zog sie auf seinen Wagen, und schon versank das ganze Gespann wieder in der Tiefe.

Von nun an hieß sie nicht mehr Kore, Hades gab ihr einen neuen Namen. Er nannte sie Persephone. Persephone ist die manchmal als schrecklich, oft aber als barmherzig bezeichnete Göttin der Unterwelt.

Bevor ich mit der Geschichte von Kore/Persephone und ihrer Mutter Demeter fortfahre, möchte ich etwas näher auf die Unterwelt, den Hades, eingehen.

Das ist so leicht gesagt: näher auf die Unterwelt eingehen... Woher weiß ich denn, wie es dort aussieht? War ich dort? Nein, natürlich nicht. Aber wir besitzen Literatur, die Literatur führt uns überall hin. Wir wissen, es ist einigen Helden gelungen, bis in die Unterwelt vorzudringen, und die haben es herumerzählt, und die davon gehört haben, haben es weitererzählt, und so haben die Geschichten die Runde gemacht, bis sie eines Tages an eines Dichters Ohr drangen, der diese Berichte in poetischer Form niederschrieb.

So erfahren wir von Homer, daß Odysseus bis an die Pforten des Hades gelangte, und Vergil weiß eine ähnliche Geschichte von Aeneas. Und noch etliche Dichter mehr überliefern uns Abenteuer von Helden, die im Hades waren. Aus ihren Schilderungen können wir uns ein Bild dieser schattigen Stätte der Trauer machen.

Zunächst: Wenn ein Mensch stirbt, dann kommt Hermes, der Seelenbegleiter, und er führt die Seele des Verstorbenen hinab in die Unterwelt. Der Zugang zur Unterwelt, das wissen wir aus der Odyssee, liegt ganz im Westen, am Ufer des Okeanos, und zwar verdeckt von einem schwarzen Pappelhain. Odysseus fuhr dorthin, er wollte den Seher Teiresias treffen und mit ihm reden, ihn über sein Schicksal aushorchen.

Odysseus wußte genau Bescheid, wie man die Schatten der Verstorbenen anlocken konnte. Er ließ vor dem Eingang zur Unterwelt eine Rinne in den Boden ziehen, in diese Rinne goß er das Blut eines Schafes. Der Geruch des Blutes zog die grauen Seelen an. Je näher sie dem Blut kamen, desto lebhafter wurden sie, und wenn sie von dem Blut tranken, bekamen sie sogar etwas Farbe und Kontur.

Den eindrücklichsten Bericht, wie man sich das Leben – pardon: das Dasein – in der Unterwelt vorzustellen habe, hat Achill gegeben. Odysseus fragte ihn, wie es dort unten denn so sei.

Achill antwortete: »Es ist furchtbar, es ist grau, es passiert gar nichts. Du bist nichts.«

Es wäre ihm lieber, fuhr der Held fort, er wäre der ärmste Knecht des ärmsten Bauern oben auf der Erde und er müßte das jämmerlichste Feld pflügen, als daß er hier unten der König sein dürfte über eine Million Schatten.

Wenn ein Mensch stirbt, dann müssen ihm die Hinterbliebenen eine Münze unter die Zunge legen, das ist der sogenannte Obolos. Denn wenn der Verstorbene diesen Obolos nicht bei sich hat, wird er nicht hinüber in die Unterwelt können, was aber nicht heißt, daß er dann wieder zurück auf die Erde ins liebe Sonnenlicht darf. Vielmehr wird er als schmerzlich ruheloser Geist herumfliegen müssen, und das will niemand. Weder der Tote selbst will das, noch seine Hinterbliebenen wollen es.

Mit dieser Münze muß der Fährmann bezahlt werden, Charon. Er ist ein schmutziger, grauseliger, stinkender alter Mann. Er nimmt das Geld und rudert die Seelen über den Styx, das ist der Fluß, der die Unterwelt, das Reich der Toten, vom Reich der Lebenden trennt. Ich habe übrigens nirgends einen Hinweis darauf gefunden, daß Charons Arbeitszeit in irgendeiner Weise geregelt ist, daß er Urlaub in Anspruch nehmen kann, daß er eine Vierzigstundenwoche hat oder was immer. Immer ist er im Einsatz, denn immer wird gestorben. Man fragt sich, was macht er mit dem Geld, das er den Toten abknöpft. Hortet er es nur? Wozu? Hofft er, es irgendwann einmal ausgeben zu können?

Styx heißt der Verhaßte, bei ihm schwören die Götter. Wenn ein Gott einen Schwur tut, dann tut er ihn beim Styx. Auch für die Götter hat es verheerende Folgen, falsch zu schwören. Es kann ihnen bei falschem Schwur eine Zeitlang die Unsterblichkeit entzogen werden.

Am jenseitigen Ufer des Styx, also auf der Seite der Unterwelt, wartet Kerberos, das ist der Höllenhund. Manche Augenzeugen berichten, er habe fünfzig Köpfe, abgesichert ist diese Aussage nicht. Auf alle Fälle ist er schrecklich anzusehen, daran ist nicht zu zweifeln. Die Ankommenden begrüßt er durchaus freundlich, er wedelt mit dem Schwanz, kläfft nicht allzu laut, schleckt nicht allzu aufdringlich. Nur wenn jemand zurück will, zurück in das liebe Leben im Sonnenlicht, dann zeigt er seine Zähne.

Nun haben wir also den Hades betreten. Der teilt sich in drei Teile, in zwei kleinere und in einen besonders großen. Der große heißt Asphodeliengrund. Von den beiden kleineren heißt der schöne Elysium und der gräßliche Tartaros. Es ist ja wohl so, daß die meisten Leute weder ganz böse noch ganz gut sind, also die meisten kommen nach ihrem Tod in den Asphodeliengrund, nur die ganz ganz Guten kommen in das Elysium und die ganz ganz Bösen in den Tartaros.

Es gibt eine Kreuzung auf dem Weg ins Innere des Hades, hier sitzen die drei Richter der Unterwelt, Rhadamanthys, Aiakos und Minos. Sie begutachten und schicken die Seelen in den jeweiligen Abschnitt, wo sie hingehören. Wobei, das muß ich noch dazu sagen, erst in späterer Zeit nach moralischen Kriterien aufgeteilt wurde, also daß die besonders Guten ins Elysium und die besonders Bösen in den Tartaros kommen.

Bei Homer ist keine Rede davon. Im Elysium zum Beispiel sitzt Menelaos, der war zeitlebens weder besonders gut, noch war er besonders tapfer. Er sitzt nur dort und läßt es sich gutgehen, weil er der Gatte der Helena war, aus keinem anderen Grund. Auch Helena ist im Elysium. Weil sie die schönste Frau war. Aber nicht, weil sie die beste Frau in einem moralischen Sinn war. Die Moralvorstellungen aus unserem christlichen Himmel-und-Hölle-Spiel können wir auf die Antike gewiß nicht übertragen.

Die meisten Seelen tummeln sich auf dem Asphodeliengrund. Was tun sie dort? Mechanisch führen sie die Tätigkeiten aus, die sie schon zu Lebzeiten getan haben. Sie imitieren, parodieren ihr Leben. Manchmal neigt sich der eine über den See der Erinnerung, er trinkt und erinnert sich an seine schönen Tage. Ein anderer, der keine schönen Tage hatte, neigt sich über den Fluß Lethe, den Fluß des Vergessens, und er trinkt und vergißt.

Werfen wir noch einen Blick in den Tartaros. Dort treffen wir einen alten Bekannten, über den ich schon berichtet habe, nämlich Tantalos. A propos Moral: Tantalos, ich erinnere daran, hat seinen Sohn Pelops geschlachtet, gekocht und den Göttern als Speise vorgesetzt. Er wollte ihre Allwissenheit testen. Das Ergebnis war positiv. Für Tantalos negativ. Man schlug ihn in den Tartaros, wo er Hunger und Durst leidet. Aber nicht für den grausigen Sohnesmord wird er bestraft, sondern weil er die Götter versuchte...

Sisyphos treffen wir im Tartaros, auch eine sehr bekannte Figur. Albert Camus hat diese Figur zum Titelhelden eines seiner wichtigsten philosophischen Werke gemacht hat, der »Mythos von Sisyphos«.

Warum ist dieser Sisyphos dort unten, warum muß er immer einen großen Stein auf einen Berg hinaufwälzen, der dann auf der anderen Seite wieder herunterrollt?

Er hat etwas getan, wovon wir alle nur träumen können, er hat nämlich den Tod überlistet. Ganz selten taucht in der griechischen Mythologie der Tod als Figur auf. Er wird Thanatos genannt.

Sisyphos also hat den Thanatos überlistet und eingesperrt, als er kam, um ihn zu holen, und der Gott Ares, der Kriegsgott persönlich, mußte ihn befreien. Nachdem Thanatos diesen Schock überwunden hatte, wurde er ein zweites Mal losgeschickt, und diesmal ging Sisyphos ganz brav an der Seite des Todes mit.

»Nein, nein«, sagte er, »die Faxen sind vorbei.«

Aber der Schlaukopf hatte sich zuvor mit seiner Frau folgende Sache ausgedacht.

Er sagte zu ihr: »Wenn ich gestorben bin, laß meinen Leichnam liegen, keine Ehre für mich, gar nichts, mißachte mich vollkommen, tue so, als ob ich ein Fremder für dich wäre, rümpfe die Nase über mich, laß meine Leiche liegen, wo sie ist.«

Und seine Frau tat, wie er ihr geheißen.

Dann, als Sisyphos unten im Hades war, hat er vor dem Gott der Unterwelt geklagt: »Schau, meine Frau«, sagte er, »sie ehrt mich nicht, sie läßt meine Leiche einfach liegen, rümpft die Nase über mich. Ist das recht?«

Hades sagte: »Nein, es ist nicht recht.«

»Es ist sogar ungerecht«, klagte Sisyphos. »Aber was kann ich schon anderes erwarten. Das Leben war ungerecht, sollte da der Hades gerecht sein!«

Das griff an die Ehre des Unterweltgottes. »Gut«, sagte Hades, »du darfst für einen Tag hinaufgehen, um deine Frau zu bestrafen.«

Sisyphos ging hinauf, aber er kam nicht wieder. Er hat also ein zweites Mal den Tod überlistet.

Das sehen die Götter nicht gerne, und deshalb haben sie den Sisyphos in den tiefsten Tartaros verbannt, wo er seiner zwangsneurotischen Sache nachgehen muß.

Nun aber wollen wir nach unserem kurzen Ausflug in den Hades fortfahren in der Geschichte von Demeter und ihrer Tochter Kore, die nun Persephone hieß und die Königin der Unterwelt werden soll.

Demeter war entsetzt, daß es Zeus zugelassen hatte, daß ihre geliebte Kore von ihrem gemeinsamen Bruder Hades in die Unterwelt entführt wurde. Daß er es nicht nur zugelassen, sondern den Finsterling dabei auch noch unterstützt hatte.

Sie sagte: »Ich will mit euch Göttern nichts mehr zu tun haben!«

Sie verließ den Olymp und ging hinunter auf die Erde. Sie befahl den Pflanzen, nicht mehr zu sprießen. Sie ist ja die Gottheit der nährenden Gewächse. Mit einer Weizengarbe im Arm wird sie gern dargestellt. Die Erde begann zu veröden, und es war klar, daß kein Tier überleben können wird und daß auch der Mensch nicht überleben kann, daß die Ackerkrume weggeweht und daß die Erdoberfläche bald aussehen wird wie der tote Mond.

Das gab den Göttern doch zu denken. Mehr noch: Das machte sie fassungslos und verwirrte sie. Sie hatten sich inzwischen daran gewöhnt, von den Menschen Opfergaben dargebracht zu bekommen. Das war angenehm. Mehr noch: Sie selbst zweifelten nämlich allmählich daran, ob sie unabhängig von den Opfergaben, unabhängig von den menschlichen Gebeten überhaupt existierten. Eine äußerst interessante philosophische Frage, eine äußerst riskante theologische Frage!

Zeus schickte Hermes zu Demeter, der mit ihr verhandeln sollte. Sie solle zur Vernunft kommen und nicht so radikal sein in ihrem Rachebedürfnis.

»Du weißt«, sagte Hermes zu ihr, »ich war schon damals bei der Iasion-Geschichte auf deiner Seite.«

Aber Demeter schüttelte den Kopf, sagte nein, sie wolle nicht verhandeln, für sie komme ein Kompromiß nicht in Frage.

»Ich möchte meine Tochter zurück!«

Schließlich, und das ist, soweit mir bekannt ist, einer der ganz wenigen Konflikte, bei denen Zeus nachgab, schließlich fällt der Göttervater eine Entscheidung und windet sich: »Gut, gut, gut, du bekommst deine Tochter zurück. Ich werde einen Streit mit meinem Bruder Hades in Kauf nehmen. Du bekommst Kore zurück – allerdings unter einer Bedingung, diesbezüglich kann ich nichts machen, es ist in der Unterwelt Gesetz: Du bekommst deine Tochter zurück, wenn sie während ihres Aufenthaltes im Hades nichts zu sich genommen hat, wenn sie nichts gegessen hat.«

Man steigt also gemeinsam hinab. Persephone/Kore wird befragt: »Hast du etwas gegessen?« Sie sagt nein. Auch Hades muß zugeben, er habe sie nicht essen sehen.

Dann ist ja alles geklärt.

Zeus sagt zu Hades: »Tut mir leid, Bruder, ich muß sie mit hinaufnehmen. Ich habe beim Styx geschworen, daß ich sie zu ihrer Mutter zurückbringe, falls sie nichts zu sich genommen hat.«

Hades, sehr verbittert, voller Zorn, kann nicht anders, er muß Kore, die er, und das durchaus liebevoll, Persephone nennt, gehen lassen.

Da meldet sich ein kleiner Verräter, er heißt Askalaphos, der sagt: »Halt! Ich habe gesehen: Dieses Mädchen Kore hat vier Kerne eines Granatapfels gegessen. Ich habe es gesehen!«

»Schwör beim Styx«, sagt Hades.

Askalaphos schwört.

Hades: »Sie bleibt!«

Zeus weiß, wie Demeter reagieren wird.

Er sagt: »Also vier Kerne eines Granatapfels kann man nicht als Essen bezeichnen, Bruder.«

Aber Zeus kann auch nicht so tun, als ob sie *gar* nichts gegessen hätte.

»Ach, meine Geschwister machen es mir schwer!« stöhnt er und macht einen Kompromißvorschlag: »Drei Monate im Jahr soll Kore als Persephone, als Göttin der Unterwelt, im Hades bleiben. Während der restlichen neun Monate darf sie oben bei ihrer Mutter sein.«

Nach langen, zähen Verhandlungen stimmt Demeter zu. Nach weiteren Verhandlungen stimmt Kore/Persephone zu. Es stimmt schlußendlich auch Hades zu. Zeus hat einen Diplomatensieg errungen und fühlt sich schlecht.

Aber bevor Kore/Persephone aus der Unterwelt emporsteigt, läßt sie den Verräter, den Askalaphos, im

Schlamm der Unterwelt versinken, und sie persönlich wälzt einen schweren Stein auf ihn.

Drei Monate also ist Kore/Persephone in der Unterwelt bei Hades, das sind die Wintermonate. Während dieser Zeit ist ihre Mutter voll Trauer, und die Vegetation stirbt ab. Dann kommt sie für neun Monate auf die Erde zurück, die Vegetation beginnt zu blühen, die Bäume und die Sträucher tragen Früchte, da herrschen Frühling und Sommer.

Persephone, wenn sie bei Hades, dem Gott der Unterwelt, ist; Kore, wenn sie bei ihrer Mutter Demeter ist – sie blieb die schönste, die begehrenswerteste Göttin, und ihr Ruf war groß in der ganzen Welt. Wenn man einem Mann großartige Liebhaberqualitäten bescheinigen wollte, dann sagte man: Dem wäre es sogar zuzutrauen, daß er Persephone überredet.

Und da gab es einen gewissen Peirithoos, der war ein Weiberheld, ein enger Freund des Theseus, der sah eines Tages eine Statue der Persephone, und er verliebte sich in sie. Vielleicht muß man es anders sagen, er begann zu prahlen und sagte, wenn für ihn überhaupt eine Frau in Frage komme, dann nur diese, er möchte nur Persephone haben, sonst will er keine Frau haben.

Theseus, ebenfalls ein Haudegen, ein Held, ein Angeber, ein Draufgänger, sagte: »Gut, Peirithoos, dann holen wir sie uns doch!«

Sie machten sich auf den Weg in die Unterwelt. Es gelang ihnen, Charon zu bestechen. Womit, kann ich gar nicht sagen. Vielleicht gaben sie ihm einen Anlagetip, wohin er das viele Geld bringen könnte, das er inzwischen besitzen mußte. Es gelang ihnen mit List, an Kerberos vorbei zu kommen. Wie sie das gemacht haben? Auch darüber verrät uns die Mythe nichts.

Im Hades traten sie offen vor den König der Unterwelt hin. Peirithoos sagte: »Ich möchte Persephone haben.«

Hades sagte: »Sie ist meine Frau.«

Peirithoos sagte: »Wenn du sie mir nicht freiwillig gibst, werde ich sie mir einfach nehmen.«

Hades besah sich den Peirithoos, in seinem Blick mischte sich Ironie mit Traurigkeit und Ärger. Ironie, weil er ein solches Ansinnen nur komisch finden konnte; Traurigkeit, weil hier wieder einmal ein Beispiel für vergebliche menschliche Ambition vorgeführt wurde; Ärger, weil die Menschen offensichtlich indolent waren.

Zu Peirithoos' Überraschung sagte Hades mit leiser, schleppender Stimme: »Gut, ich werde es Persephone ausrichten. Sie soll entscheiden.«

Er wies ihnen Platz zu auf zwei Schemeln und sagte: »Wartet hier.« Dem großen Helden Theseus schenkte Hades übrigens nicht einen Blick.

Theseus und Peirithoos setzten sich. Sie hätten vorher genaue Erkundigungen über das Schattenreich einziehen sollen. Zum Beispiel über die Schemel, die dort herumstehen. Jeder Mythologe hätte ihnen geantwortet: Vorsicht vor Schemeln in der Unterwelt! Es kann sich nur um die berühmten Schemel des Vergessens handeln. – Sobald ihr Gesäß diese Schemel berührte, verfielen sie in einen starren, schlafähnlichen Zustand.

Herakles war es, der den Theseus befreite, aber nur den Theseus, den Peirithoos behielt Hades unten, so konnte er in seinem Dämmerzustand immer einen kleinen Blick auf die wunderschöne Persephone werfen.

Demeter, Persephones Mutter, weigerte sich, den Olymp je wieder zu betreten, sie wollte mit den Göttern nichts mehr zu tun haben, sie entfremdete sich den Göttern des Olymp. An deren Treiben nahm sie nicht teil, und als die Götter sich versammelten, um vom Berg Ida aus die Schlacht vor Troja zu beobachten, da zeigte sie wenig Interesse. Krieg war ihr widerlich.

Sie blieb auf der Erde und wandelte durch das Getreide. Sie liebte die blühenden Blumen, sie liebte das reifende Obst. Es gab an allen Stellen Griechenlands der Demeter geheiligte Haine. Dort wuchsen Bäume, die nicht beschnitten werden durften, die durften dort stehen, bis sie von selbst umfielen.

In der Nähe eines solchen Haines lebte ein Mann, der hieß Erysichthon. Er war ein sehr reicher Mann und ein, heute würde man sagen, fortschrittlicher Mann, ein moderner Mann. Der sah sich die Bäume der Demeter an und sagte: »Die sind ja wunderschön, diese Bäume, aber im Grunde, wer einen gesehen hat, hat sie alle gesehen, und die restlichen stehen nur im Weg und versperren einem die freie Sicht. Es ist wertvolles Holz, das man brauchen kann.«

Er begann, die heiligen Bäume zu fällen. Denn er hatte vor, ein Haus daraus zu bauen, ein Gasthaus mit einem großen Speisesaal.

Er sagte: »Dieser Hain steht an einer sehr günstigen Stelle. Hier kommen viele Reisende vorbei. Die werden viel Geld in meine Börse bringen.«

Demeter, sie ist ja eine sehr sanfte Göttin, kam zu ihm,

verkleidet als eine alte Frau, und sie sagte: »Laß das sein, Erysichthon. Weißt du denn nicht, daß diese Bäume der Göttin Demeter geweiht sind?«

Erysichthon sagte: »Das interessiert mich nicht, weißt du. Ich habe nichts gegen die Göttin. Aber ihr Holz brauche ich. Ich habe eh einen Baum stehen lassen. Vor diesen Baum könnt ihr euch setzen und ihn anschauen und eurer Demeter die Ehre erweisen. Die anderen Bäume brauche ich für mein Gasthaus.«

»Du baust ein Gasthaus?« fragte die alte Frau.

»Jawohl«, sagte Erysichthon, »in meinem Gasthaus werden viele Hungrige aus und ein gehen. Ich schätze, ich tue ein gutes Werk.«

»Na gut«, sagte das Weiblein, »ich habe dich gewarnt.«

Demeter fluchte dem Erysichthon einen unstillbaren Hunger in den Leib.

Erysichthon begann zu essen, er hatte Hunger wie noch nie. So sehr schmeckte ihm alles, und er aß alles und aß und aß. Aber er wurde nicht dicker, er wurde dünner. Er aß und aß, und bald mußte er auch in der Nacht aufstehen und sogar in der Nacht essen, weil dieser Hunger ihn nicht in Ruhe ließ. Bald konnte er überhaupt nicht mehr schlafen, er mußte ununterbrochen essen, bis er sein ganzes Vermögen aufgegessen hatte.

Erysichthon hatte eine Tochter, und diese Tochter führte ihn nun durch die Welt, und sie verkaufte sich als Prostituierte, um Geld zu bekommen, damit ihr Vater sich Lebensmittel kaufen konnte, denn sein Hunger war unstillbar. Bald reichte auch dieses Geld nicht mehr aus.

Zuletzt steckte sich dieser Erysichthon die Gabel in die Waden und begann, sich selbst aufzuessen. Er aß seine

Füße und seine Beine, aß seinen Bauch und seine Arme. Am Schluß war nur noch ein kauender Kopf übrig. Und die Zähne begannen an den Lippen zu nagen...

Das war der Fluch der Demeter, und es ist vielleicht die einzige schreckliche, verderbliche Tat, die ihr nachgesagt werden kann.

Herakles – Kindheit und Jugend

Von Alkmene und Amphitryon – Von einem recht schäbigen Betrug – Von zwei ungleichen Zwillingen – Vom ersten Totschlag des Helden – Von einer Liebesnacht mit fünfzig Frauen – Vom Glück in der Familie – Vom Wahnsinn – Vom dümmsten König

Es war einmal ein König, dem wurden alle seine Herden gestohlen, und er sandte seine Söhne aus, damit sie die Tiere wieder zurückbringen und die Räuber bestrafen. Aber die Räuber waren sehr mächtig, und sie töteten die Söhne. Dem König blieb nur seine Tochter, und diese Tochter hieß Alkmene.

Der König war voll Trauer und voll unversöhnlichem Zorn. Er war ein cholerischer Mann. Er schnallte sich seine Waffen um und sagte: »So, nun werde ich ausziehen müssen, um meine Söhne zu rächen und um meinen Besitz wieder zurückzuholen.«

Er hatte ein Problem: Was sollte er während seines Feldzugs mit Alkmene, seiner Tochter, tun? Alkmene war eine junge Frau, und sie hätte gut allein leben können. Aber ihr Vater hatte sehr genaue Vorstellungen, was eine Frau zu können oder zu wollen habe. Er bestellte einen Anverwandten namens Amphitryon zu sich und sagte zu ihm: »Amphitryon, du scheinst mir der Richtige. Dir werde ich meine Tochter Alkmene anvertrauen, während ich meine Söhne räche. Du bist unser Anverwandter. Paß auf Alkmene auf. Ich muß mein Eigentum zurückholen.«

Dann zog der König aus.

Amphitryon hatte schon lange ein Auge auf Alkmene geworfen. Und sie paßten auch gut zusammen. Amphitryon war ein kluger, zurückhaltender Mann, der weniger auf die Fäuste als auf seinen Geist setzte. Er liebte lange Spaziergänge und weitschweifige Gespräche, die mit »Was wäre, wenn...« begannen.

Er sagte zu Alkmene: »Du weißt, daß ich dich liebe. Was wäre, wenn wir beide Mann und Frau würden?«

Alkmene sagte zu ihm: »Die Wahrheit ist, daß auch ich dich liebe, Amphitryon. Und ich habe nichts dagegen, wenn wir beide Mann und Frau werden. Aber ich kann es nicht machen, bevor meine Brüder nicht gerächt sind.«

Die Brüder von Alkmene hatten sich nämlich um ihre jüngste Schwester gesorgt, und ihr Schmerz über den Verlust war groß, und in der ersten Verzweiflung hatte sie einen Schwur getan, daß sie Jungfrau bleiben würde, bis ihre Brüder gerächt seien.

»Wenn ich in deiner Situation gewesen wäre«, sagte Amphitryon, »hätte ich wahrscheinlich einen ähnlichen Schwur geleistet. Aber der erste Zorn sollte sich inzwischen gelegt haben, und nun muß man klug vorgehen.«

Alkmene gab ihm recht.

Amphitryon zog Erkundigungen ein und machte sich auf den Weg zu dem neuen Besitzer des gestohlenen Viehs. Die Räuber hatten es ja längst weiterverkauft.

Er sagte zu dem Besitzer: »Du weißt, das ist gestohlenes Vieh.«

Der Mann ließ sich durch die klare, zweifellose Art von Amphitryon einschüchtern.

»Was schlägst du vor?« fragte er.

»Verkauf mir das Vieh«, sagte Amphitryon. »Ich mache dir einen zwar kleinen, aber einen den Umständen entsprechend doch vorteilhaften Preis.«

Der Mann verkaufte das Vieh.

Amphitryon kam mit den Rindern und Schafen nach Hause, gerade als auch Alkmenes Vater, dieser allerdings unverrichteter Dinge, mit seinen Leuten im Hof einritt. Der König war grau vor Zorn und Gram.

Amphitryon ging zu ihm und sagte: »Hier, das Rindvieh hast du schon mal zurück. Die Söhne werde ich dir auch noch rächen.«

Der König, eifersüchtig, fragte: »Wie hast du die Tiere zurückbekommen?«

Amphitryon sah gar keinen Grund, ihn zu belügen, und antwortete: »Ich habe sie gekauft.«

Der König fing an zu schreien: »Bist du wahnsinnig? Mein Eigentum zurückzukaufen? Das ist doch ein Triumph für die Räuber.«

Amphitryon sah das ganz anders, er sagte zu ihm, und zwar sagte er es ruhig und klar: »Nein, sieh es doch einmal so: Es ist sogar eine Demütigung für die Räuber. Denn warum haben die Räuber gestohlen? Was wäre, wenn sie so reich und mächtig wären wie du? Dann hätten sie dein Vieh nicht zu stehlen brauchen. Sie haben gestohlen, weil sie nicht reich sind, weil sie nicht in der Lage sind, auf anständige Art und Weise Geld zu verdienen. Ich zeige den Räubern dadurch, daß ich das eigene Vieh zurückgekauft habe, wie unendlich reich du bist und wie unendlich überlegen du ihnen bist. Das demütigt sie.«

Der König hat das nicht verstanden. »Du bist ein Schwätzer, Amphitryon!« fuhr er den jungen, besonnenen Mann an. »Willst du mit Was-wäre-wenn durchs Leben kommen?«

»Du bist sehr undankbar«, sagte Amphitryon, und für einen Wimpernschlag flammte doch Zorn in ihm auf. Er warf seinen Stock gegen eine der Kühe, die er für den König zurückgekauft hatte. Der Stock aber prallte am Horn dieser Kuh ab, schnellte zurück und traf den König, und der König war tot.

Alkmene, des toten Mannes Tochter, war Zeugin. Sie hatte gesehen, daß Amphitryon nicht schuld war.

Sie sagte: »Ich will auch weiterhin deine Gattin werden, Amphitryon. Das Unglück meines Vaters soll keinen Schatten auf unsere Liebe werfen. Es hätte genausogut anders geschehen können. Was wäre, wenn *er* den Stock geworfen hätte. Ich hätte mehr um dich getrauert, als ich nun um ihn trauere. Das ist die Wahrheit. Ich will nach wie vor deine Frau werden. Aber du weißt, ich habe einen Schwur getan. Du mußt zuerst meine Brüder rächen, sonst geht es nicht!«

Amphitryon sah das ein. Er stellte ein kleines Heer zusammen und machte sich auf den Weg. Er wußte nicht, wie er die Räuber bestrafen sollte. Er war ganz und gar nicht einer, der Menschen umbringt, einer, der unbedingt töten will.

Er traf die Räuber und umkreiste sie. Er machte großen Lärm, so daß es klang, als wären sie zu hundert und mehr. So versuchte er seine Feinde einzuschüchtern. Er drängte sie zusammen, und da kam ihm Zeus zu Hilfe. Er ließ eine Wolke vom Himmel herabsinken.

Sie war graubauchig und schwer von Regen. Sie senkte sich auf die Räuber und durchtränkte die Kleider der Räuber und machte die Kleider schwer, als wären ihre

Taschen voll Blei gestopft. Und die schweren Kleider machten, daß die Räuber von ihren Pferden gezogen wurden. Am Boden kämpften die Räuber mit ihren Kleidern, wanden sich heraus. Die Wolke durchtränkte nun die Haut der Räuber und ließ die Haut aufquellen. Das dauerte eine Weile, und es dauerte lang, sehr lang.

Es sollte auch lang dauern. Zeus wollte dem Amphitryon helfen, das schon. Aber warum? Wir, die wir Zeus nun schon recht gut kennen, wir ahnen, was er vorhatte: Ihm gefiel Alkmene so gut. Er nutzte die Gelegenheit aus, als die junge Frau allein zu Hause war, und er besuchte Alkmene. Es traf sich gut, daß ihm Alkmene gefiel. Denn diesmal trat Zeus nicht nur als lustvoll zeugend Schaffender an das Bett einer Frau. Er war sozusagen in offizieller Mission unterwegs...

Zeus folgte einer Wahrsagung, einer Weissagung, daß sich die Giganten gegen den Himmel erheben werden und daß die Götter nur zusammen mit einem Sterblichen diese Unwesen werden besiegen können. Zeus hatte sich also umgesehen auf dem Erdkreis, hatte Ausschau gehalten nach einer geeigneten Frau, die klug genug, die schön genug, die stark genug war, um mit ihm einen solchen Sterblichen ins Leben zu rufen. Sein Auge war auf Alkmene gefallen. Mit ihr wollte er den Herakles zeugen.

Zeus schlüpfte zu diesem Zweck in das leibliche Gewand des Amphitryon. Was heißt das? Er kopierte den Amphitryon. Während das Original damit beschäftigt war, die Räuber zu besiegen, erschuf Zeus einen zweiten Amphitryon, den zog er sich über, und als solcher besuchte er Alkmene in der Nacht. Alkmene war nämlich nicht nur klug, schön und stark, sie war auch treu, und niemals hätte sie einen anderen zu sich gelassen als Amphitryon, dem sie ihr Wort gegeben hatte.

Zeus trat also in Alkmenes Gemach und sagte: »Liebe Alkmene, hier bin ich, dein Amphitryon. Ich habe die Feinde geschlagen. Die Mörder deiner Brüder sind gerächt. Ich habe sie eingekreist, habe einen Riesenlärm gemacht, habe sie zerquetscht, diese Feinde«, und er erzählte ausführlich: »Einen nach dem anderen habe ich niedergemacht. Es fiel eine Wolke vom Himmel, sie kam mir zu Hilfe. Irgendein Gott muß sie mir geschickt haben. Sicher ein wunderbarer Gott. Ich kann mir nicht vorstellen, daß es ein anderer gewesen ist als der berühmte, überall hoch verehrte, der schöne, gute und weise Zeus...«

Alkmene unterbrach ihn zärtlich: »Erzähl nicht so viel, Amphitryon«, sagte sie, »ich glaube dir ja. Laß doch Zeus aus dem Spiel. Ich finde es wunderbar, daß meine Brüder gerächt sind, und ich finde dich wunderbar. Ich habe dich erwartet.«

Sie schlief mit Zeus im Glauben, es sei Amphitryon. Zeus hatte vorher Befehl an Helios, den Gott der Sonne, und an Selene, die Göttin des Mondes, gegeben, hatte gesagt: »Paßt auf: Sonne, du bekommst einen Tag Urlaub. Mond, du mußt dafür leider doppelt so lang arbeiten!« Er hat auch Hypnos, den Schlaf, hinzugeholt und hat gesagt: »Du, Schlaf, streng dich an. Ich will eine Nacht von sechsunddreißig Stunden haben. Sechsunddreißig Stunden soll die Welt schlafen. So eine lange Liebesnacht brauche ich, um einen Helden wie Herakles zu zeugen. Ist das klar?«

Sonne, Mond und Schlaf taten, wie befohlen, und die Liebesnacht zwischen Zeus und Alkmene dauerte sechsunddreißig Stunden. Zeus war ein großer Liebhaber, das kann sich jeder vorstellen! Nach sechsunddreißig Stunden war Alkmene erschöpft, glücklich und erschöpft. Zeus zog sich zurück, und Alkmene sank auf ihr Lager, um zu schlafen.

Aber sie bekam nicht viel Schlaf. Denn da klopfte es an der Tür, und draußen stand Amphitryon. Diesmal war es der echte Amphitryon.

Alkmene sagte: »Amphitryon, was willst du schon wieder?«

Er war überrascht, daß sie so wenig überrascht war, und er sagte: »Du fragst, was ich will? Ich habe deine Feinde besiegt. Ich habe deine Brüder gerächt. Ich habe die Mörder deiner Brüder eingekreist, ich bin um sie herum getanzt, ich habe geschrien, ich habe getan, als wären wir viele, und dann kam eine Wolke...«

Und während er erzählte, umfing er Alkmene, und sie glitten aufs Bett und schliefen miteinander, und Amphitryon konnte vor lauter Glück gar nicht aufhören zu reden, und er redete und redete, was sonst gar nicht seine Art war.

Schließlich unterbrach ihn Alkmene: »Aber Amphitryon«, sagte sie und lächelte dabei, »willst du mir jetzt jeden Abend dieselbe Geschichte erzählen? Ich glaube dir doch. Du bist ein großer Held, und das nicht nur auf dem Schlachtfeld. Aber laß mich nun endlich schlafen. Ich muß mich erholen von unserer wunderbaren Nacht und auch von dem wunderbaren Nachspiel...«

Und Amphitryon sagte: »Was redest du da, Alkmene? Was für eine wunderbare Nacht denn? Die Nacht hat doch noch gar nicht richtig begonnen.«

Und sie sagte zu ihm: »Aber du warst doch letzte Nacht schon bei mir.«

Da wurde Amphitryon sehr blaß, und er sagte: »Was redest du, Alkmene? Wer war letzte Nacht hier?«

»Du warst hier!« sagte Alkmene.

Amphitryon sah, daß ihn Alkmene nicht belog. Da wußte er, das war nicht mit rechten Dingen zugegangen. Und er ließ es sich am nächsten Tag von dem großen Hellseher Teiresias bescheinigen.

Teiresias sagte zu ihm: »Amphitryon! Vorsicht! Halt dich zurück! Hier war ein Größerer am Werk. Es war Zeus persönlich.«

Es heißt, daß Amphitryon von diesem Tag an nicht mehr mit Alkmene geschlafen habe, er habe sie nicht mehr angerührt.

Zeus hatte bei diesem Seitensprung gute Argumente. Er sagte vor der Götterversammlung und meinte damit hauptsächlich seine Frau Hera: »Es war notwendig. Es war notwendig, denn ich habe einen Helden gezeugt.«

»Einen Helden, so«, keifte Hera. »Und wie heißt dieser Held?«

»Ich habe ihn vor allem dir zu Ehren gezeugt«, sagte Zeus. Es war dies wohl das abstruseste Trostgeschenk, das ein Mann seiner betrogenen Ehefrau je dargebracht hat.

»Ja«, beharrte Zeus bockig, der sah, wie Hermes seine Backen einsog, um nicht herauszulachen, »ja, ich habe diesen Helden dir zu Ehren gezeugt, Hera. Und darum wird er Herakles heißen, was soviel bedeutet wie Heras Ruhm.«

Aber Hera ließ sich nicht trösten. Sie hatte endgültig genug von Zeus' Seitensprüngen. Sie zwang ihn, beim Styx zu schwören, daß es das letzte Mal war, daß er mit einer Sterblichen ins Bett stieg.

Hera haßte Herakles. Sie haßte ihn, als er noch im Mutterleib war. Von Anfang an haßte sie ihn.

Als Alkmenes Zeit kam, glaubte Hera, nun sei auch die Zeit ihrer Rache gekommen, und sie wollte Alkmene mitsamt ihrer Leibesfrucht vernichten. Sie wandte sich an die Göttin der Geburt, an Eileithyia. In ihren Händen liegt es, ob eine Geburt gut vonstatten geht oder ob sie kompliziert wird.

Hera sagte zu Eileithyia: »Setz du dich vor Alkmenes Kammer. Verknote die Arme, verknote die Beine! Solange du so verknotest bist, wird sie ihr Kind nicht zur Welt bringen können.«

Das tat Eileithyia. Sie saß vor der Kammer, die Finger hatte sie gekreuzt, die Arme hatte sie gekreuzt, und die Beine hatte sie gekreuzt. Drinnen in der Kammer schrie Alkmene und plagte sich. Sieben Tage lang dauerten die Wehen. Ihre Leibesfrucht wollte nicht zur Welt kommen, konnte nicht zur Welt kommen. Alkmene wäre daran gestorben, wenn nicht... Unvorstellbar! Was wäre, wenn Alkmene gestorben wäre? Alkmene wäre gestorben, Herakles wäre schon als Baby gestorben, und die Giganten hätten den Himmel erobert. Wir hätten die ganze griechische Mythologie nicht, und unsere Welt würde beherrscht von diesen Giganten, die so aussehen wie Saurier!

Aber da gab es eine Magd, eine schlaue Magd, Retterin der Welt! Alkmenes Magd! Sie hieß Galanthis, ihr Name sei gepriesen. Die dachte sich eine List aus. Sie sah die Göttin der Geburt vor Alkmenes Kammer sitzen, und sie wußte, daß Eileithyia die Geburt verhindern wollte. Plötzlich sprang die Magd aus der Stube und rief: »Wunderbar! Das Kind ist da! Ein Knabe, ein Knabe!«

Eileithyia: »Was?« Sie sprang auf, um nachzusehen, und damit löste sie ihre Finger, ihre Arme und ihre Beine. Alkmene war befreit.

Und sie brachte Zwillinge zur Welt. Zwei Buben. Herakles wurde der eine genannt, Iphikles der andere. Nein, richtig müßte es heißen: Sie wurden beide Herakles und Iphikles genannt. Wer der eine und wer der andere war, das konnten die Eltern nicht auseinanderhalten. Nicht unpikant das Ganze. Die Zwillinge hatten schließlich zwei Väter – einer von den beiden war immerhin der Sohn des Zeus. Aber welcher?

Die einen behaupten, Hera habe die Schlangen geschickt. Andere sagen, Amphitryon sei es gewesen. Wie auch immer – als die Kinder gerade ein halbes Jahr alt waren, krochen zwei Schlangen zu ihnen ins Bettchen. Iphikles wachte als erster auf und schrie. Als die Eltern hereinstürzten, sahen sie ihre beiden Söhnchen im Bett sitzen, der eine schrie wie am Spieß, der andere hielt zwei nur noch wenig zuckende Schlangen in seinen Fäustchen. Da war dann klar, wer Iphikles, des Amphitryon Sohn, und wer Herakles, des Zeus' Sohn, war. Als halbjähriges Kind hatte Herakles bereits zwei Schlangen erwürgt. Das war seine erste Heldentat auf Erden.

Herakles ist der berühmteste und in seiner Präsenz ausgreifendste Held der gesamten griechischen Sagenwelt. Wenn man dem Herakles folgt, dann streift man fast alle

Sagen irgendwann und irgendwo. In jedem Sagenkreis ist Herakles beheimatet. Es ist, als ob dieser Held einen Faden hinter sich hergezogen hätte, der sich in den Teppich der gesamten griechischen Mythologie einwirkte. Von keiner größeren Schlägerei wird berichtet, in die dieser Herakles nicht verwickelt gewesen war.

Ein Held definiert sich durch seine Tat, nur durch seine Tat. Was einer tut, das ist er. Sobald einer nicht handelt, ist er nicht mehr. Damit ist der Rahmen abgesteckt, innerhalb dessen Heroen vom Zuschnitt eines Herakles ihren Charakter, besser: ihren Typus entfalten können.

Nicht der Name macht den Helden, sondern seine Taten. Entscheidend sind immer die Taten. Das führte dazu, daß in manchen Gegenden auf die Namen der eigenen Helden verzichtet wurde, ihre Taten aber, um sie aufzuwerten, dem Herakles angehängt wurden. Dann hieß es: Herakles war hier! Auch bei uns war Herakles! Beweis: Dieses und jenes hat er hier vollbracht. Die Tat des Herakles veredelte den Boden, auf dem er sie begangen hat. So wurde eine ungeheure Menge von Heldentaten auf die – gewiß breiten – Schultern dieses Helden geladen. Die Muskeln schwollen, notgedrungen.

Von einem poetischen, ästhetischen Gesichtspunkt aus betrachtet besteht allerdings die Gefahr, daß ein solchermaßen Überladener nicht mehr in der Lage ist, einen eigenen Charakter zu entwickeln. Einer, der alles kann und alles macht und alles erlebt, der ist eigentlich nicht. Das ist für uns, die wir weder alles können noch alles erleben, in seiner Dialektik des Mangels tröstlich.

Der Mythograph jedoch, der sich anschickt, das Leben eines Herakles nachzuerzählen, scheitert entweder, oder aber er greift zur Schaufel – zur ganz großen Schaufel – und trägt damit den Haufen der Heldentaten ab. Nicht daß er nach dieser Arbeit den »echten«, den »originalen« Herakles vor sich hätte – wie wäre der beschaffen? –, er hätte einfach für etwas Übersicht gesorgt.

Rümpfen wir also einmal mehr die Nase über die solide, objektive wissenschaftliche Mythenforschung und machen wir uns mit subjektiver, ganz und gar unwissenschaftlicher Willkür ans Werk!

Herakles bekam eine sorgfältige Ausbildung. Er wurde im Bogenschießen unterrichtet, im Singen, im Ringen, im Schwimmen unterwiesen, und natürlich im Fechten. Als Musiklehrer war ihm übrigens der Bruder des Orpheus zugeteilt. Herakles muß ein sehr schlechter Sänger gewesen sein und ein ebenso schlechter Lyraspieler. Das lag ihm nicht. Dazu war er zu grobschlächtig. Seine Finger waren zum Umschließen einer Keule gemacht und nicht zum Streichen über Saiten. So ist der erste Totschlag, den Herakles beging, nicht verwunderlich: Er tötete seinen Musiklehrer, weil dieser von ihm schöne Lieder verlangt hatte. Er schlug ihm die Lyra über den Kopf. Herakles wurde freigesprochen. Ein Notwehrparagraph kam zur Anwendung.

Übrigens habe ich, während ich mich mit Herakles beschäftigte, zufällig im Fernsehen einen Rambo-Film gesehen, und der Gedanke drängte sich mir auf, daß Rambo zweifellos eine Herakles-Figur ist. In einem allerdings unterscheidet er sich: Die Taten von Rambo – und er ist ein

Massenmörder, am Ende dieses Spielfilms hat er so viele Leute umgebracht, wie eine deutsche Kleinstadt füllen würden –, seine Taten sind moralisch motiviert, wie hanebüchen auch immer.

Herakles dagegen braucht für nichts, was er tut, eine moralische Rechtfertigung. Er ist, was er ist, und tut, was er tut. Er richtet sich nicht nach Gesetzen, er schafft Gesetze. Er stellt die Ordnung nicht wieder her, wie das Rambo zu tun vorgibt.

Eines Tages kam Herakles auf seinem Spaziergang durch die Welt in eine Gegend, die von einem furchtbar gefährlichen Löwen bedroht war. Herakles wußte davon nichts, und er begegnete diesem Löwen an einem Waldstück. Herakles, der sich seiner Stärke bewußt war, setzte sich gemächlich ins Gras und verzehrte sein Mitgebrachtes. Den Löwen behielt er im Augenwinkel. Er wollte das Tier nicht töten, dachte, wenn ich mich ruhig verhalte, wird auch er sich ruhig verhalten. Aber dieser Löwe war ein Killer, ein Menschenkiller. Ohne Vorwarnung setzte er zum Sprung an. Herakles, sein Wurstbrot halb im Mund, griff mit der rechten Hand zum Schwert, und da verhedderte er sich mit seinem Ärmel im Gürtel. So blieb ihm nichts anderes übrig, als mit eingeklemmter rechter Hand mit dem Löwen zu raufen, und er erwürgte ihn mit der unbewaffneten Linken.

Das hatte ein Jäger gesehen, und der meldete es seinem König. Der König dankte Herakles dafür, indem er ihm seine fünfzig Töchter anbot.

»Wie meinst du das?« fragte Herakles.

»Ich meine es, wie ich es sage. Du kannst sie zur Frau haben.«

Es ist nicht gesichert, ob der König sich vielleicht nur ungeschickt ausgedrückt hat, ob er eigentlich meinte: Such dir eine von meinen fünfzig Töchtern aus. Herakles jedenfalls nahm das Angebot wörtlich.

Die barmherzigeren Mythographen sagen, er habe diese fünfzig Töchter in fünfzig aufeinanderfolgenden Nächten genossen. Pindar dagegen behauptet, er habe sie alle miteinander in einer Nacht genossen. Wie auch immer, die fünfzig Frauen brachten dem Herakles fünfzig Söhne zur Welt. Sie bildeten den Grundstock der sogenannten Herakliden.

Es gibt dunkle, durchaus unheroische Flecken im Leben des Herakles. Hera haßte ihn, wie wir wissen. Ihr Haß wurde nicht weniger, im Gegenteil. Sie trieb Herakles systematisch in den Wahnsinn. Immer wieder verfiel dieser Held in geistige Umnachtung. Vielleicht liegt der wahre Grund darin, daß sein Geist all diese schrecklichen Heldentaten nicht aushielt. Nehmen wir es zu seinen Gunsten an. Von seinem ersten Wahnsinnsanfall möchte ich erzählen:

Herakles befreite die Stadt Theben von Steuern, indem er den Steuereintreibern auflauerte und ihnen die Nasen und die Ohren abschnitt. Der König von Theben dankte ihm in der gewohnten Form: Er gab ihm seine Tochter Megara zur Frau.

Diese Megara hätte alles zur Verfügung gehabt, diesen wilden, stürmischen Herakles zu zähmen und aus ihm einen angenehmen und zivilisierten Menschen zu machen. Herakles liebte Megara. Und sie liebte ihn. Drei Buben schenkte sie ihm. Er brachte ihnen bei, was er wußte. Es war nicht viel Brauchbares darunter. Er kümmerte sich um die drei und räumte sie aus dem Weg, wenn Megara mit der Hausarbeit beschäftigt war.

Er erzählte seinen Söhnen Geschichten. »Das alles hat euer Vater früher erlebt«, sagte er.

»Ehrlich?« fragten sie.

»Ehrlich!« sagte er.

So lebte Herakles etliche Jahre in Frieden und in Ruhe, ohne diese Umtriebigkeit, die ihn sonst immer befiel. Er hatte keine Heldentaten nötig. Er war ja glücklich.

Hera blickte von oben herunter, und sie mißgönnte ihrem Feind natürlich dieses Glück. Sie schickte den Wahnsinn. Der schoß herab wie ein Falke. Herakles, mitten an einem strahlenden Nachmittag, bekam einen Wahnsinnsanfall. Er blickte seine drei Buben an, und er blickte seine Frau Megara an. Plötzlich verwandelten sich die Gesichter der Buben in Hyänenfratzen und das Gesicht seiner Frau in eine Löwenfratze. Herakles glaubte, daß diese Hyänen und diese Löwin seine Frau und Kinder bedrohten, und er stürzte sich auf sie und erwürgte die Hyänen und erschlug die Löwin.

Als die Tat vollbracht war, sah er, was er angerichtet hatte, und er war von unsäglichem Schmerz geplagt. Er lief hinaus in die Welt und wollte nicht mehr weiterleben. Er verfluchte sein Leben, er verfluchte seine Stärke.

Er stellte sich mitten auf ein Feld, hob den Kopf und schrie zu den Göttern empor: »Wer von euch war das? Komm herunter und stelle dich dem offenen Kampf! Schlage mich, aber gib mir meine Familie wieder!«

Nun wurde es Zeus zu bunt: Er wollte nicht mehr weiter zusehen, wie Hera, seine Frau, seinen wunderbaren Helden Herakles plagte. Er sprach ein Machtwort: »Ich verbiete dir, dich weiterhin um die Angelegenheiten dieses Mannes zu kümmern!«

Hera zuckte mit der Schulter.

Aber was tat Herakles? Er suchte das Orakel in Delphi auf und fragte: »Was kann ich tun, um von dieser entsetzlichen Schuld gereinigt zu werden?«

Das Orakel gab ihm ungewöhnlich deutlich Auskunft, es sagte: »Mach dich auf den Weg, Herakles, und suche den feigsten, den dümmsten, den kleinkariertesten, den geizigsten, den niedrigsten König der ganzen Welt. Dieser König heißt Eurystheus. Zu ihm gehst du, ihm bietest du dich als seinen Diener an. Tust du ohne Widerrede, was er will, dann wirst du von deiner Schuld gereinigt. Diese Demütigung mußt du, der größte, strahlendste Held der Welt, auf dich nehmen.«

Herakles zögerte keinen Augenblick. Er war bereit, seine Ehre hinzuwerfen, wenn er nur reingewaschen würde von dieser grausigen Tat.

Er fand diesen Eurystheus, und er sah: Das Orakel hatte recht, dieser Eurystheus war tatsächlich das Spießigste, Dümmste, Feigste und Geschwätzigste von Mensch.

Herakles kniete sich vor ihm nieder, beugte das Haupt und sagte: »Ich bin zu dir geschickt worden. Ich soll dir dienen. Sag, was ich tun soll.«

Eurystheus wich zurück vor diesem Koloß von Mann, dessen Muskeln wie Fußbälle waren. Er meinte zuerst, er werde zum Narren gehalten, sah dann aber, daß es Herakles ernst war.

Eurystheus dachte lange nach, dann sagte er: »Du sollst mir zwölf Arbeiten erledigen. Ist das recht?«

»Alles ist mir recht«, sagte Herakles.

»Alles?«

»Alles!«

Wir werden sehen, wie Eurystheus dieses »alles« interpretierte.

Herakles – die zwölf Arbeiten

Der Nemëische Löwe – Die Lernäische Hydra – Die Keryneische Hindin – Der Erymanthische Eber – Der Stall des Augias – Die Stymphalischen Vögel – Der Kretische Stier – Die Pferde des Diomedes – Der Gürtel der Amazone – Das Vieh des Geryon – Die Äpfel der Hesperiden – In der Unterwelt

Es war das Schicksal des Königs Eurystheus, der Herr des Herakles zu sein. Nichts Eigenes wird von ihm erzählt, sein Leben ist auf diesen Helden ausgerichtet. Er weiß, Herakles ist unvergleichlich größer und stärker als er. Und es gefällt ihm, daß er den Chef dieses Helden spielen darf – zumindest am Anfang gefiel es ihm.

Es gefiel ihm, sich Arbeiten auszudenken, von denen er sicher war, Herakles würde sie nicht bewältigen können. Was mache ich mit ihm, wenn er versagt? So fragte er sich händereibend. Wie werde ich ihn doch bloßstellen! Zwölf Arbeiten dachte sich Eurystheus für Herakles aus, jede für sich eine Unmöglichkeit...

Zunächst schickte er ihn aus, er solle den Nemëischen Löwen töten. Eurystheus war davon überzeugt, daß es keinem Sterblichen, Zeussohn hin, Zeussohn her, gelingen könnte, dieses Untier zu töten. Der Löwe galt als unbesiegbar. Kein Pfeil, keine Lanze, kein Speer, kein Schwert, kein Dolch konnten sein Fell durchbohren.

Seit er sich beim Ziehen des Schwertes mit der rechten Hand im Gürtel verheddert hatte, trug Herakles keine Waffe außer einer Keule bei sich. Sie hatte er sich aus einem Olivenbaum geschnitten. Also zog er frisch drauflos, und bald schon fand er die Höhle des Nemëischen Löwen. Um dessen Verhalten zu testen, warf er Steine nach ihm, so doppelfaustgroße, traf damit den Rücken des Löwen. Der schien das gar nicht zu bemerken. Dann kletterte Herakles auf einen Baum direkt über der Höhle. Von dort ließ er einen wäschekorbgroßen Felsbrocken auf den Schädel des Löwen fallen. Der Löwe schüttelte die Mähne, das war aber auch alles.

Da wurde es dem Herakles zu bunt, er sprang vom Baum auf den Rücken des Löwen, er ritt auf ihm wie ein Cowboy beim Rodeo. Und während er mit seinen mächtigen Schenkeln die Flanken des Tieres zusammenpreßte, hämmerte er mit seiner Keule so lang auf den Kopf des Löwen ein, bis dem doch schummrig wurde und er torkelte. Und Herakles hämmerte und hämmerte, hämmerte eine Stunde lang und hämmerte den Nemëischen Löwen flach, hämmerte ihn bodengleich, hämmerte weiter, als das Tier schon tot war, hämmerte, bis das Fell gegerbt war. Er brauchte nichts weiter zu tun, als den fertigen Fellteppich vom Boden aufzuheben. Dieses Fell zog er sich über, mit diesem Fell trat er vor König Eurystheus. Fell und Keule waren von nun an die Markenzeichen des Herakles, seine Corporate Identity.

Eurystheus sah den schweißglänzenden Helden mit dem übergehängten Fell die Halle seines Palastes betreten, und da packte ihn solche Angst, daß er in einen Krug sprang.

Aus diesem Krug heraus rief er Herakles entgegen: »Herakles, komm nicht näher, rede mit mir durch die Öffnung des Kruges.«

Herakles sagte: »Ich habe diese Arbeit für dich erledigt. Du brauchst keine Angst vor mir zu haben, ich bin ja gekommen, um dir zu dienen.«

»Aber du siehst so gräßlich aus«, sagte Eurystheus.

»Ich weiß«, sagte Herakles, der sein Selbstbewußtsein noch lange nicht wiedererlangt hatte. »Ich *bin* gräßlich. Darum muß ich dir ja dienen.«

»Könnte es dir einfallen in deiner Gräßlichkeit, daß du mir etwas antust?« fragte Eurystheus.

»Das kann schon sein«, sagte Herakles. »Wenn der Wahnsinn auf mich niederschießt wie ein Falke...«

Da haderte Eurystheus mit seinem eigenen Schicksal: »Warum haben die Götter ausgerechnet mich, den feigsten, den dümmsten, den schäbigsten, den niedrigsten, den kleinkariertesten König, ausgesucht?«

Herakles sagte: »Halt keine Reden, sag mir die nächste Arbeit. Was soll ich tun?«

Eurystheus sagte: »Die Lernäische Hydra, die sollst du mir töten!«

Er hatte sich nämlich vorher mit anderen Feigen, Niederträchtigen, Kleinkarierten, Schäbigen beraten. Und sie waren alle einig gewesen, diese Arbeit kann er nicht schaffen, kann er nicht, kann er nicht.

Die Lernäische Hydra hatte hundert Köpfe, und diese Köpfe wuchsen nach. Wenn man einen abschlug, dann wuchs er doppelt nach. Also günstig für das Ungeheuer, wenn es verletzt wird! Einer dieser Köpfe war obendrein unsterblich. An dem konnte man herumhauen, wie man wollte.

Ach, es war ein unfaires Spiel gegen Herakles! Denn der Feige, Schäbige, Niederträchtige bekam zudem Hilfe von oben. Hera schickte eine Riesenkrabbe. Sie sollte die Lernäische Hydra im Kampf gegen Herakles unterstützen.

Herakles wurde gewarnt. Zeus gab Hermes Befehl, er solle dem Helden Informationen zukommen lassen. Hermes verkleidete sich als Kellner in einer Schenke.

»Es gibt Dinge, die kann ein Mann nicht allein machen«, steckte er ihm.

»Ein richtiger Mann kann alles allein machen«, sagte Herakles.

»So reden die Dummen«, zischte Hermes aus den Mundwinkeln.

Herakles wollte schon auf ihn losgehen, da hob der Gott sein Hosenbein und zeigte ihm die zierlichen Flügelchen über dem Knöchel. Nun verstand Herakles.

Er holte seinen Neffen Iolaos zu Hilfe. Iolaos war der Sohn seines Zwillingsbruders Iphikles. Er war ein geradliniger Charakter, wortkarg, griffsicher und ohne Schnörkel. Allerdings auch ganz ohne Humor. Für Ironie hatte er absolut keinen Sinn. Er nahm alles wörtlich. Aber auch Herakles hatte einen Hang zur Wörtlichkeit, und so paßten die beiden gut zusammen.

Iolaos wird von nun an der Freund und der Begleiter des Herakles. Viele der legendären Heroen hatten so einen Freund an ihrer Seite. Theseus den Peirithoos, Odysseus den Diomedes, jedenfalls während des Krieges in Troja, Aeneas den Achates. Und blicken wir zurück in die Urzeit der Literatur, so finden wir an der Seite des Gilgamesch den Enkidu.

Diese Freunde haben meist nur die Funktion, Spiegel zu sein. Sie spiegeln die unbeschreibliche, unfaßbare

Heldenhaftigkeit ihres Herrn – denn eigentlich sind sie mehr Waffenträger denn Freund – und mildern damit den Glanz des Wunderbaren, so daß wir ihn mit unseren Augen ertragen. Diese Heldenfreunde sind Vermittler zwischen dem Halbgott und uns Menschen. Und weil sie meistens nüchterne, glaubwürdige Sancho Pansas sind, gelten sie auch als vertrauenswürdige Quelle.

Freund und Mitkämpfer des Herakles war von nun an also sein Neffe Iolaos. Mit ihm gemeinsam kämpfte er gegen die Lernäische Hydra und gegen die Riesenkrabbe. Sie teilten sich die Aufgaben. Während Herakles der Hydra einen Kopf nach dem anderen abschlug, brannte Iolaos die Wunden aus, so daß keine neuen Köpfe nachwachsen konnten. Gleichzeitig trampelten sie im Takt auf der Riesenkrabbe herum, bis deren Panzer zusammenkrachte.

Aus dieser verblutenden Hydra und dem Schleimsaft der zusammengekrachten Riesenkrabbe mischte Herakles nach einem eigenen Rezept sein Pfeilgift. Der Kentaur Chiron bekam es zum Beispiel zu spüren.

Herakles hatte es also wieder geschafft. Schon deutlich breitbeiniger stellte er sich vor den Krug, in dem Eurystheus steckte, warf die Reste der Hydra auf den Boden und sagte: »Ich habe auch diese Arbeit erledigt. Weiter!«

Eurystheus keifte aus seinem Krug heraus: »Ich habe Späher ausgesandt, die haben mir berichtet, du hast nicht allein gekämpft. Deshalb kann ich diese Arbeit nicht gelten lassen.«

Da sagte Herakles: »Gut, dann bringe ich dir den unsterblichen Kopf der Hydra. Ich habe ihn drei Meter tief neben der Straße begraben. Kein Problem, ich grabe ihn wieder aus. Ist gleich geschehen. Den bringe ich dir. Das mache ich ganz allein, und den stecke ich dir dann in den Krug hinein.«

Eurystheus schrie: »Gut, gut, gut, ich laß diese Arbeit gelten!«

Nun folgen ein ganze Reihe von Arbeiten: Herakles mußte eine weiße Hirschkuh der Artemis, die Keryneische Hindin, an der Leine in den Palast des Eurystheus bringen. Eigentlich wollte der Feige, daß Herakles das Tier erlege. Aber Herakles sagte, er werde sich nicht gegen die Göttin der Jagd versündigen. Und so einigte man sich auf diesen Kompromiß.

Weiter schickte ihn Eurystheus gegen den Erymanthischen Eber, der das unübertroffene Stinktier aller Zeiten war und ungeheure Massen von allen möglichen weichen Dingen in sich hinein schlingen konnte, dessen Kot die ganzen Felder verpestete und verätzte. Herakles tötete ihn und wollte ihn nur so zum Spaß zu Eurystheus in den Krug stopfen, wovon ihn Iolaos gerade noch abhalten konnte.

Da wurde es dem Eurystheus zuviel, er hielt diese Angst nicht mehr aus. Er gab dem Herakles Urlaub.

Er sagte: »Die weiteren Arbeiten muß ich mir erst ausdenken. Komm in ein paar Jahren wieder, dann werde ich dir die weiteren Aufgaben geben. Dann sollst du gereinigt werden von deiner Schuld.«

Eine der zwölf Arbeiten des Herakles ist in den europäischen Märchenschatz eingegangen. Jedes Kind kennt sie: die Reinigung des Augiasstalles.

Eurystheus dachte sich: »So. Stark ist er. Es hat keinen Sinn, ihn noch gegen andere Ungeheuer zu schicken, er wird sie alle besiegen. Ich muß mir irgend etwas anderes ausdenken. Vielleicht ist seine schwache Stelle der Ekel, vielleicht ekelt er sich vor irgend etwas.«

Nicht schlecht gedacht. Wir erinnern uns an jenes Märchen der Brüder Grimm »Von einem, der auszog, das Fürchten zu lernen«. Wir wissen, dieser Mann *wollte* sich fürchten, er *wollte* Angst haben, er *wollte* zurückweichen. Keine Gefahr dieser Welt machte, daß sich dieser Mann fürchtete. Erst als ihm Mägde lebendige Fische ins Bett warfen, als diese glitschigen Fische an seinem Körper zappelten, da fürchtete er sich, denn – er ekelte sich. Dieser Ekel, der zur Angst wird, den wollte Eurystheus bei Herakles mobilisieren. Nicht schlecht gedacht.

Es gab da einen besonders schmutzigen König in der Gegend, der einen Riesenstall besaß, entsprechend viele Tiere hatte und zu faul war, diesen Stall auszumisten. Dieser König hieß Augias. Der Stall war unbrauchbar, zugeschissen. Abbrennen, sagten alle.

Eurystheus sagte zu Herakles: »Wenn es dir gelingt, diesen Stall, der so entsetzlich stinkt, daß keine Kuh sich näher als hundert Meter heranwagt, in einem einzigen Tag zu säubern, dann erkenne ich auch diese fünfte Arbeit als erledigt an.«

Hier konnte Herakles mit seinen Fäusten, seinem Willen und seiner Stärke nicht besonders viel anfangen. Er mußte seinen Verstand einsetzen. Aber er hatte Verstand geerbt, von seiner Mutter Alkmene.

In der Nähe des Stalles war ein Fluß, und diesen Fluß leitete Herakles um. Er öffnete alle Tore und alle Fenster des Stalles und ließ den Fluß einen dreiviertel Tag lang mit der vollen Strömung durch den Stall fließen. Der Fluß schwemmte den ganzen Dreck hinaus. Am späten Nachmittag leitete Herakles den Fluß wieder in sein altes Bett und schloß die Fenster und Tore des Stalles. Der Stall war so sauber wie noch nie.

Er baute sich vor Eurystheus auf und sagte: »Es ist Abend, ich habe den Stall des Augias gesäubert. Er jedenfalls ist zufrieden. Nicht einmal die Hände habe ich mir dabei schmutzig gemacht.«

Eurystheus zeigte sich zum ersten Mal beeindruckt.

Er gab ihm weitere Arbeiten auf, wir sind bei der sechsten Arbeit, das sind die Stymphalischen Vögel mit ihren Bronzeschnäbeln und ihren Bronzeklauen. Sie schoß Herakles mit den vergifteten Pfeilen vom Himmel. Eine weitere Aufgabe hieß, er solle den Kretischen Stier holen. Auch diese Arbeit machte Herakles keine Mühe. Er trug den Stier auf seinen Schultern vor Eurystheus und brachte ihn anschließend wieder zurück in sein Labyrinth. Dann sollte er die Pferde des Diomedes bändigen, diese grauenhaften, halbkirchturmhohen Pferde, die sich nur von Menschenfleisch ernährten. Auch diese Pferde bezwang Herakles.

Eurystheus wußte sich keinen Rat mehr. »Vielleicht«, dachte er sich, »ist sein schwacher Punkt das andere Geschlecht. Vielleicht hat er Angst vor Frauen!«

Eurystheus hatte ein recht hübsches Töchterchen, ein Töchterchen mit einer nicht üblen Larve.

Dieses Töchterchen sagte: »Ich wünsche mir den Gürtel der Amazonenkönigin, der würde doch gut zu mir passen. Es heißt, sie hat so einen wunderbaren Gürtel, den will ich haben.«

»Hast du verstanden?« sagte Eurystheus zu Herakles.

»Ja«, sagte Herakles und suchte die Amazonen.

Dieser sagenhafte Frauenstamm war matriarchalisch organisiert. Den Knaben wurden gleich nach der Geburt die Arme und die Beine gebrochen, damit sie nur noch für die Musik und die leichte Hausarbeit zu gebrauchen waren und nicht in den Krieg ziehen könnten. Denn den besorgten die Frauen. Die Frauen trugen einen kurzen bronzenen Bogen und bronzene Schilde, eine ihrer Brüste schnitten sie sich ab, denn sie war ihnen beim Bogenschießen im Weg. Solche Geschichten wurden über die Amazonen erzählt.

Wenn von ihnen erzählt wurde, dann fuhr den rasendsten Helden das Zittern in die Knie. Alle fürchteten sich davor, eines Tages mit einer solchen Amazone in Berührung zu kommen.

Herakles hatte sich mit einer kleinen Kampftruppe auf den Weg gemacht, und sie fanden die Amazonen, und sie ließen sich freiwillig festnehmen und vor die Königin führen.

Die Königin der Amazonen war sehr angetan von Herakles, von seinem Äußeren jedenfalls, etwas anderes interessierte sie nicht allzusehr bei Männern. Von seiner Stärke war sie beeindruckt, von seiner männlich herben Schönheit.

Sie fragte: »Was willst du hier?«

Herakles, der von Lügereien nie etwas gehalten hatte, sagte ihr offen die Wahrheit: »Ein feiger, dummer, häßlicher, niederträchtiger König hat seiner arroganten, hochnäsigen, blöden Tochter versprochen, daß sie deinen Gürtel bekommen soll. Ich bin im Dienst dieses Königs, weil ich verflucht bin, weil ich im Wahnsinn meine Frau und meine Kinder getötet habe. Ich bin gekommen, um dir diesen Gürtel wegzunehmen.«

Zu seiner größten Überraschung sagte die Amazonenkönigin: »Ich gebe dir diesen Gürtel. Du brauchst nicht darum zu kämpfen.«

»Was willst du dafür?« fragte Herakles.

Die Amazonenkönigin sagte: »Ich will dich. Für eine Nacht will ich dich haben. Du gefällst mir, ich möchte von dir Kinder, Töchter.«

Herakles war selbstverständlich dazu bereit. Es war ihm eine Ehre, mit der Amazonenkönigin zu schlafen.

Er folgte ihr in ihr Zelt. Draußen warteten die anderen Amazonen, und plötzlich verbreitete sich ein Gerücht – dafür hatte Hera gesorgt! Sie hatte also dem Verbot des Zeus getrotzt. Sie mischte sich wieder ein! Das Gerücht besagte, daß Herakles die Amazonenkönigin töten wolle.

Das Gerücht schwoll an, und die Amazonen gerieten in Aufruhr. Sie rissen das Zelt auf, sahen, daß Herakles bereits auf ihrer Königin lag, sie stürzten sich auf ihn. Herakles umschlang die Königin, nahm sie als Geisel, und als die Amazonen weiter auf ihn einschlugen, schnitt er der Königin, die ihm sehr gut gefiel, die ihm nichts getan hatte – sie liebte ihn zwar nicht, das wäre übertrieben, aber sie hätte gerne Töchter von ihm gehabt –, schnitt ihr den Hals durch.

Es kam zu einem Gefecht, Herakles konnte fliehen, in der Hand hielt er den blutigen Gürtel der Königin.

Am Erfolg dieser Arbeit konnte er sich nicht freuen. Er verfluchte sich, und er verfluchte den König Eurystheus, denn er hatte der Amazonenkönigin kein Leid antun wollen.

Eurystheus nahm den Gürtel entgegen, gab ihn seiner Tochter. Die trug ihn ein-, zweimal, dann lag er herum.

Das war die neunte Arbeit des Herakles. Die zehnte: Er mußte das Vieh des Geryon zu Eurystheus führen, auch diese Arbeit erledigte er mit Bravour.

Dann sagte Eurystheus zu ihm: »Hol mir die Äpfel der Hesperiden.«

Das war eigentlich eine Gotteslästerung.

Herakles warnte den Eurystheus, er sagte: »Geh nicht zu weit! Ich weiß, du bist ein dummer, feiger, niederträchtiger König, und du kannst deine ganze Dummheit, Feigheit, Niedertracht an mir auslassen, weil ich dein Diener bin. Aber fordere nicht die Götter heraus.«

»Ich will, was ich will«, sagte Eurystheus.

Die Äpfel der Hesperiden waren etwas Besonderes. Zuerst aber die Hesperiden selbst: Sie sind Töchter des Titanen Atlas, und sie bewachen ebendiese Äpfel.

Nur die wenigsten wissen es: Die Götter sind nicht bedingungslos unsterblich. Das ist ein Geheimnis, das sie über die Jahrtausende bis zu uns herauf vertuschen wollten. Sie benötigen zu ihrer Unsterblichkeit bestimmte Speisen, und eine dieser bestimmten Speisen sind die Äpfel der Hesperiden. Wer diese Äpfel wegnimmt, der nimmt den Göttern die Unsterblichkeit weg. Darauf machte Herakles den Eurystheus aufmerksam.

»Es ist eine Gotteslästerung«, sagte er oder so ähnlich.

Aber Eurystheus antwortete: »Das ist mir egal! Du hast mir versprochen, du wirst mir dienen, und ich möchte die Äpfel der Hesperiden.«

»Wie du willst«, sagte Herakles.

Er wollte ihm die Äpfel bringen, sie ihm zeigen und sie dann sofort wieder zurück in den Garten der Hesperiden tragen. Dieser Eurystheus sollte wahrhaftig zu seiner Blödheit nicht auch noch unsterblich werden.

Herakles machte sich auf den Weg, niemand wußte, wo dieser sagenhafte Garten lag. Er suchte den Titanen Atlas auf, den Vater der Hesperiden. Atlas stand dort, wo heute das Atlasgebirge ist, und er war verflucht worden, den Himmel zu tragen, er steht dort auf ewig und hat den Himmel auf seinen Schultern.

Herakles sagte: »Wo ist der Garten, den deine Töchter bewachen, wo die schönen Äpfel wachsen?«

Atlas sagte: »Ich weiß, wo dieser Garten ist, aber ich sage es dir nicht.«

Herakles in seiner offenen Art erzählte ihm sein ganzes Schicksal, seine ganze Tonleiter von Wahnsinn, Schuld und Leid, und Atlas sagte: »Also gut. Ich werde dir zwar nicht sagen, wo diese Äpfel sind, aber ich werde sie dir holen.«

»Das geht nicht«, sagte Herakles. »Dann fällt doch der Himmel herunter.«

»Stell du dich hier vorübergehend hin«, sagte Atlas. »Halte du vorübergehend den Himmel fest.«

Herakles tat es. Er lud sich den Himmel auf die Schultern.

Atlas war froh, daß er den Himmel endlich einmal loshatte, ging und holte die Äpfel der Hesperiden.

Dann aber hatte er eine Idee. Er stellte sich vor Herakles hin und sagte: »Ich hatte soeben eine Idee. Eigentlich will ich den Himmel gar nicht mehr tragen. Trag du ihn. Ich bringe die Äpfel deinem dummen König. Du sollst den Himmel von nun an tragen.«

Herakles sagte: »Das ist unfair von dir, das weißt du.«

»Ich weiß«, sagte Atlas.

»Gut«, sagte Herakles, »ich bin selber schuld. Du

warst schlauer als ich. Geschieht mir ganz recht. Nur einen Gefallen mußt du mir tun.«

»Welchen denn?« fragte Atlas.

»Schau«, ächzte Herakles, »du bist ein Spezialist. Ich aber bin erst ein Anfänger im Himmeltragen. Ich habe den Himmel noch nicht richtig auf den Schultern, er drückt.«

»Das ist schlecht«, sagte Atlas anteilnehmend. »Das tut mit der Zeit nur noch mehr weh.«

»Eben«, sagte Herakles. »Darum will ich mir nur schnell noch ein Kissen holen, daß ich ihn mir bequem auf den Nacken setzen kann, den Himmel. Könntest du den Himmel so lang noch kurz halten?«

Der dumme Atlas sagte: »Selbstverständlich, so lange kann ich ihn gern noch halten.«

Er stellte sich drunter, und Herakles schlüpfte unter dem Himmel hervor und sagte: »Ciao, mein Freund! Danke für die Äpfel. Trag du den Himmel weiterhin! Du hast doch mehr Routine als ich.«

Und weg war er.

Die letzte Arbeit war die schwierigste. Sie verlangte das ganze Berserkertum des Herakles. Eurystheus nämlich sagte zu ihm: »Als zwölfte Arbeit, als letzte Arbeit sollst du mir den Höllenhund holen, den Kerberos.«

Nein! Nein! Das ist unmöglich. Da braucht man erst gar nicht zu diskutieren!

»Dann kannst du gleich von mir verlangen, daß ich mir selber den Kopf abschlage«, sagte Herakles. »Verlange es nur! Ich tu's!«

»Dein Kopf interessiert mich nicht«, sagte Eurystheus aus seinem Krug heraus. »Tu, was ich von dir verlange!«

Da blieb dem Herakles nichts anderes übrig.

So etwas muß man mit Schwung machen. Mit gewaltigen Schritten stürmte er zum Eingang der Unterwelt. Er packte Charon, den stinkenden Fährmann, am Kragen, sagte: »Du wirst mich da hinüberfahren!«

Er ließ dem Charon gar keine andere Möglichkeit, der erschrak vor der Willensstärke des Herakles und ruderte ihn auf die andere Seite. Dem Herakles ging das viel zu langsam, er riß ihm die Riemen aus der Hand und ruderte selbst, bei dieser Gelegenheit brach ein Riemen.

Als er auf der anderen Seite war, machte er ein Riesengeschrei, rief hinein in diesen Hades, wer sich ihm in den Weg stelle, der werde sein blaues Wunder erleben. Der Kerberos zog den Schwanz ein, als er ihn sah, und versteckte sich.

»Wo ist hier der König?« rief Herakles. Die Schatten umschwirrten ihn wie die Motten das Licht.

Hades kam herunter von seinem Palast, schwarz wie er war, schweren Schrittes, und sagte: »Herakles, was machst du für ein Geschrei? Die Zeit für dich ist noch nicht reif. Wenn du hierherkommst, dann mach kein Getöse, sondern reihe dich ein in die Schatten. Hier sind alle gleich. Und Kraft und Mut sind hier nicht gefragt.«

Aber Herakles ließ so philosophisch nicht mit sich reden, er packte nun auch den Hades am Kragen und fuhr ihn an: »Schaff mir den Hund her! Es ist meine letzte Arbeit, ich will endlich erlöst werden von diesem dummen, einfältigen, häßlichen König Eurystheus.«

Hades sagte: »Diesen Hund kannst du nur bekommen, wenn du mit mir kämpfst. Das ist ein Entgegenkommen, verstehst du. Weil du der Sohn meines Bruders bist, also quasi mein Neffe. Jeden anderen würde ich mit einem Fingerschnippen zum Schatten machen!«

Mit Hades kämpfen? Das ist nun ein Gedanke, bei dem jedem gut mythengläubigen Griechen das Blut in den Adern gefriert. Wer soll gegen den Gott der Unterwelt kämpfen!

Herakles tat es. Er kämpfte nicht nur gegen ihn, er gewann diesen Kampf auch. Er verwundete Hades sogar. Hades mußte in den Olymp hinauffahren, um sich dort Medizin zu holen und sich verbinden zu lassen.

Schließlich gab Hades nach. Er war fair. »Gut«, sagte er, »du sollst den Kerberos haben, aber nur, wenn du ihn ohne Waffe bändigen kannst, und nur, wenn du ihn auf deinen Schultern über die Erde trägst bis zu deinem komischen König.«

»Was denn noch alles!« rief Herakles verzweifelt aus.

»Und auch nur«, fuhr Hades fort, »wenn du mir den Hund wieder zurückbringst. Denn wenn du Kerberos nicht zurückbringst, gerät das Gefüge der Welt durcheinander. Dann werden die Toten auf die andere Seite des Styx gehen, sie werden sich unter die Lebenden mischen, und es wird keine ruhige Sekunde mehr auf der Erde sein. Denn die Toten und die Lebenden gehören nicht zusammen. Die vertragen sich nicht.«

Herakles, der ja kein Schuft war, versprach dem Hades, daß er das alles tun werde.

Er trug den Kerberos auf seinen Schultern über die Welt und setzte ihn vor den Krug des Eurystheus und sagte zum Höllenhund: »So, nun darfst du einmal laut bellen, so laut wie du willst, so laut, wie du kannst, und dann gehen wir wieder.«

Kerberos legte los, stieß sein ungeheuerstes Geheul aus, das sich in diesem Bronzekrug vervielfachte und überschlug und sich mit dem vielfachen Echo vereinigte.

Eurystheus war von diesem Augenblick an taub und stumm. Herakles aber war erlöst. Er hatte seine zwölf Arbeiten erledigt und war damit von der Schuld gereinigt, jener furchtbaren Schuld, als er im Wahnsinn seine Frau und seine drei Söhne getötet hatte.

Herakles – seine Liebe, sein Ende

Neuer Wahnsinn – Kampf mit dem Orakel – Deianeira – Das Blut des Kentauren Nessos – Ein altes Weib – Liebeskummer – Ein Gewand für den Helden – Der Scheiterhaufen – Philoktet und der Bogen des Helden

In nachgerade unverantwortlicher Raffung berichte ich vom Leben des Herakles. Als hätte ich eine Stadt zu beschreiben und erzählte nur von einer Straße. Es muß der Eindruck gewonnen werden, als folgten die Herakleischen Arbeiten dicht auf dicht. Das stimmt nicht. Sie strukturieren für eine lange Zeit das Leben unseres Helden. Ihre Erledigung zog sich viele Jahre hin. Dazwischen abenteuerte Herakles durch die Welt, führte Kriege, verführte Frauen, befreite Freunde. So wob er zum Beispiel mit an dem breiten Netz der Ursachen für den Trojanischen Krieg, als er gemeinsam mit Telamon – dem späteren Vater des großen Aias – die Stadt einnahm, König Laomedon tötete und Priamos als neuem Herrscher über Troja den Thron übergab.

Oder eine andere Geschichte, die so zwischendurch passierte: Kyknos, der tyrannische Sohn des Kriegsgottes Ares, forderte Herakles zum Zweikampf. Kyknos hatte ein großes Projekt in Arbeit: Er baute an einem mächtigen Tempel für seinen Vater. Dieser Tempel war aus den Schädeln seiner Opfer errichtet. Es fehlte ihm ein letzter Kopf für die Spitze der Kuppel. Es sollte Herakles' Haupt sein. Herakles nahm die Herausforderung an. Er schlug

Kyknos windelweich. Ares eilte seinem Sohn zu Hilfe. Da nahm es Herakles gegen den Gott des Krieges auf. Pallas Athene stand dem Helden dabei zur Seite. Ares bekam sein Fett weg. Kläglich jammernd, an allen Ecken und Enden voll blauer Flecken, zog er sich auf den Olymp zurück.

Und so weiter und so weiter...

Wie bereits gesagt: Auf Herakles' Schultern ist viel geladen worden. Gemacht worden war er ja eigentlich, um den Göttern im Kampf gegen die Giganten beizustehen. Diese Heldentat war auch noch irgendwo in seinem Leben untergebracht – fast nebenbei. Und immer wieder wurde er in seinem Tatendrang vom Wahnsinn gelähmt. Hera ließ ihn nicht in Frieden. Vielleicht war seine manische Abenteuersucht nichts anderes als eine dauernde Flucht vor dem Wahnsinn, der in ihm lauerte, der auf einen Augenblick der Besinnung lauerte, um dann seine Seele an sich zu reißen. Diesem Dämon entging Herakles nicht...

Herakles ist inzwischen ein reifer Mann, und wir sehen ihn abermals vom Wahnsinn verfolgt, und wieder ist es Hera, die Göttermutter, die ihm diesen Wahnsinn ins Herz stößt. Wir sehen Herakles verwirrt, er hat rasende Kopfschmerzen, soeben hat er einen sinnlosen Mord begangen. Wieder wußte er nicht, was er tat. Er hat einen Knaben von einem Turm geworfen, weil er sich einbildete, der Knabe sei ein Falke, der es auf sein Augenlicht abgesehen habe. Noch während des Falls des Knaben sieht Herakles, was er angerichtet hat.

Wieder sucht Herakles das Orakel in Delphi auf, er will Rat. Er tritt vor die Pythia hin – die Pythia ist die

Priesterin in Delphi –, und er sagt, und es klingt wie ein Befehl: »Gib mir Rat! Ich bin verzweifelt!«

Die Pythia ist entsetzt über das Aussehen des Herakles, über seine Verwirrung, und sie stammelt: »Geh weg! Ich will mit dir nichts zu tun haben. Ich habe Angst vor dir, der Wahnsinn steht in deinen Augen.«

Er daraufhin: »Wenn du mir nicht hilfst, dann werde ich dein Orakel verwüsten, dann werde ich Delphi dem Erdboden gleichmachen!«

Schon will er auf die Pythia losgehen, da fährt Apoll dazwischen. Apoll ist der Hausherr des Orakels in Delphi, es ist ihm geweiht, und er gibt von Delphi aus seine Ratschläge an die Menschen. Und schließlich war Delphi eine gute Sache, die kann man nicht einfach so in Stücke hauen. So ähnlich argumentiert der Gott.

»Ich habe Kopfschmerzen«, schreit Herakles und geht nun gar auf Apoll los.

Es kommt zu einem Zweikampf zwischen dem Gott Apoll und dem Menschen Herakles, beide sind sie Söhne des Zeus, beide sind sie gleich stark. Es ist ein absurder und aussichtsloser Kampf, da er ewig dauern würde. Wem würde das nützen? Niemandem!

Zeus wirft seinen Blitz dazwischen. Er gibt sich den Anschein, als wäre er überparteilich. Aber seine Sympathie gehört Herakles. Mit Apoll hat Zeus seine Probleme. Wir werden davon im nächsten Kapitel hören. Zeus mahnt die beiden Streithähne ab, aber dann gibt er Apoll den Befehl, er solle die Pythia auffordern, dem Herakles eine Botschaft zu überbringen.

Diese Botschaft kommt wohlgemerkt von Zeus, und sie besteht aus zwei Teilen. Der erste Teil lautet: »Kein

Lebendiger wird dich töten.« Der zweite Teil: »Die Liebe in deinem Leben wird sehr heiß sein.«

Beide Teile klingen an sich sehr gut, und Herakles interpretiert sie auch im guten Sinn. Er entschuldigt sich bei Apoll und der Pythia und wankt ins Tal hinab.

Und er fühlt, daß es ihm wohler wird, daß der Wahnsinn allmählich von ihm abläßt. Die Kopfschmerzen lassen nach und verschwinden schließlich ganz.

Herakles verläßt Delphi nicht als ein geheilter Mann, aber als ein beruhigter, ruhiger gewordener Mann. Er geht. Das Gehen hat ihm immer gutgetan. Er geht und singt. Ungewöhnlich genug. Hat er nicht seinen ersten Gesanglehrer erschlagen? Er besitzt weder eine schöne Stimme, noch kann er einen einzigen Ton dorthin setzen, wohin er gehört. Aber das Singen macht ihm Freude. Gehen und singen...

Als er so über das Land kommt, trifft er auf eine junge Frau. Sie will gerade einen Fluß überqueren. Sie hebt ihre Kleider hoch, damit sie nicht naß werden, und setzt ihre nackten Füße ins Wasser. In diesem Augenblick springt etwas aus dem Hinterhalt. Ist es ein Pferd? Ist es ein Mann? Es ist ein Doppelwesen, ein Kentaur, und es ist ein sehr gefährlicher Kentaur, es ist Nessos. Er will die junge Frau vergewaltigen.

Aber die Frau hat Glück. Herakles hört ihr Schreien, und er eilt herbei, er packt den Kentauren an der Mähne, und mit bloßen Fingernägeln reißt er ihm den Hals auf. Der Kentaur sinkt nieder, das Blut läuft ihm aus dem Hals.

Bevor der böse Kentaur Nessos stirbt, bittet er die junge Frau zu sich, er will sie sprechen.

»Wie heißt du?« fragt er.

»Deianeira«, sagt sie.

»Komm zu mir, komm näher«, stöhnt Nessos. »Ich will dir etwas sagen.«

Deianeira hat immer noch Angst vor diesem Unwesen. Aber Herakles sagt: »Fürchte dich nicht. Er wird sich hüten, dir etwas zu tun. Er stirbt. Ganz gleich, wie böse er ist, jedes Wesen hat das Recht, daß man sich im Augenblick seines Todes anhört, was es zu sagen hat.«

Damit wendet sich Herakles diskret ab.

»Komm her«, sagt Nessos. »Komm näher!« Und er flüstert Deianeira ins Ohr: »Nimm mein Blut, fülle es in ein Fläschchen, es ist ein Zaubermittel. Dieser Mann hier, der mir den Tod brachte, dieser Mann, der wird dein Ehemann werden. Nein, dreh dich nicht um zu ihm. Hör mir zu. Er wird dich lieben, und du wirst ihn lieben, Deianeira. Dieses Zaubermittel macht, daß du nie Grund zur Eifersucht haben wirst. Ich schenke dir mein Blut.«

Deianeira sagt zu dem Kentaur: »Warum möchtest du, der mir zuerst Gewalt antun wollte, in deinem letzten Augenblick etwas schenken?«

Da sagt der Kentaur: »Schau mich an, Deianeira: Was bin ich?«

»Du bist ein Kentaur«, sagt Deianeira. »Zur Hälfte bist du ein Pferd, zur anderen Hälfte bist du ein Mann.«

»Ja«, sagt Nessos. »So manche sagten: Du hast es gut, Nessos. Du bist ein Pferd, und du bist ein Mann. Gehörst du zu denen, Deianeira?«

»Ich weiß nicht...«

»Ich sehe: Ich bin weder ganz ein Pferd, noch bin ich ganz ein Mann. Ich bin ein unnützes, ein widerliches Wesen. Es ist gut, wenn ich vom Erdboden verschwinde. Ich habe nur Unheil angerichtet. Und wäre nicht dieser Held gekommen, wahrscheinlich hätte ich dich getötet, Deianeira. Bevor ich gehe, möchte ich noch eine gute Tat tun, eine einzige gute Tat. Du mußt mein Blut nehmen. Nimm es!«

Deianeira fängt das Blut des Kentauren in einer Flasche auf. Der Kentaur stirbt, und Deianeira geht an der Seite des Herakles in ihre Zukunft, in ihrer beider Zukunft.

Herakles erholt sich schnell von seinem letzten Wahnsinnsschub. Vorübergehend... Sein altes Selbstvertrauen kehrt zurück, auch sein Interesse an der Welt kehrt zurück. Er singt nicht mehr, er wandert nicht mehr allein über die Fluren.

Herakles heiratete Deianeira. In der ersten Zeit waren die beiden viel zusammen. Deianeira war glücklich. Sie gebar dem Herakles einen Sohn, sie nannte ihn Hyllos, und eine Tochter, Makaria. Wieder bot sich für den Helden die Gelegenheit der Ruhe, der Lebensruhe. Er liebte seine Familie. Aber dann trieb es ihn wieder hinaus. Herakles spürte den Dämon in seiner Seele, und mit manischem Tatendrang versuchte er ihn niederzuhalten.

Er läßt Deianeira allein. Er läßt seine Kinder allein. Er sagt sich: Es ist besser, der Vater streunt in der Welt herum, als daß ihm zu Hause irre Visionen ins Hirn fahren wie schon einmal... Er zieht hinaus in die Welt, um Heldentaten zu begehen, und wieder sind es eine Menge von Heldentaten.

Deianeira wartet. Sie ist geduldig, sie hat Verständnis. Sie liebt. Eines Tages klopft ein altes Weib an ihre Tür. Wenn solche alten Weiber auftauchen, sollte man – zumindest in der griechischen Götter- und Heldenwelt – immer mißtrauisch werden. Es ist natürlich Hera. Sie hat sich als altes Weib verkleidet. Sie ist getrieben vom Haß auf den Mann, der »Heras Ruhm« heißt.

Sie sagt zu Deianeira: »Ich will dir etwas sagen. Ich sehe, hier herrscht Glück.«

»Schon«, sagt Deianeira.

»Ist er nicht da?« fragt das Weib.

»Zur Zeit halt gerade nicht«, sagt Deianeira.

»Daß du und dein Herakles, daß ihr beide euch gefunden habt«, sagt das Weib, »das war kein Zufall.«

Deianeira fragt: »Was meinst du damit?«

Das Weib sagt: »Das ist beschlossen worden.«

Das freut Deianeira. Sie denkt, das alte Weib meint damit, es sei höherer Wille gewesen, es sei göttlicher Wille gewesen. Sie sagt: »Ja, ich habe auch schon das Gefühl gehabt. Als ich Herakles gesehen habe, habe ich gedacht, auf diesen Mann habe ich gewartet.«

Und das Weib sagt: »Ich weiß nicht, ob du mich richtig verstanden hast. So habe ich es nicht gemeint.«

Und dann erzählt sie Deianeira eine Episode aus dem Leben des Herakles. Sie sagt: »Weißt du, er hat vorher etliche Arbeiten verrichten müssen.«

»Weiß ich doch«, sagt Deianeira. »Hat er mir doch erzählt.«

»Unter anderem war er im Hades, in der Unterwelt«, fährt das Weib ungerührt fort.

Deianeira sagt: »Ja, das weiß ich doch auch. Das hat mir Herakles doch längst erzählt.«

Das alte Weib sagt: »Ja, vielleicht hat er dir nicht alles erzählt. Hat er dir zum Beispiel von deinem Bruder erzählt?«

Da wird Deianeira blaß. »Was ist mit meinem Bruder?« fragt sie. »Mein Bruder ist gestorben, er ist tot.«

»Siehst du«, sagt das alte Weib, »er ist tot, er ist gestorben, er ist im Hades. Und Herakles hat ihn dort getroffen.«

»Nein«, sagt Deianeira, »davon hat mir mein Mann nichts erzählt.« Sie ahnt, daß etwas Böses auf sie zukommt.

Das alte Weib sagt: »Ja, ich möchte dir nicht weh tun, Deianeira. Aber du bist nichts anderes als der Preis für zwei Blutstropfen.«

Deianeira sagt: »Das verstehe ich nicht.«

Hera, verkleidet als alte Frau, sagt: »Weißt du, die Seelen in der Unterwelt, die haben kein größeres Gelüst als Blut. Herakles hat dort deinen Bruder getroffen, und dein Bruder hat zu Herakles gesagt: Ich habe eine wunderschöne Schwester dort oben, Deianeira heißt sie, du kannst sie haben. Du kannst mit ihr machen, was du willst. Gib mir dafür zwei Tropfen deines Blutes. Dann gehört sie dir. Und Herakles stach sich in den Finger«, erzählt die alte Frau, »und dein Bruder hat zwei Tropfen seines Blutes bekommen und hat dich dafür hergegeben. So ist das.«

Das trifft Deianeira furchtbar, denn sie glaubte, Herakles habe sie aus reiner Liebe genommen, sie glaubte, diese Liebe sei bei den Göttern beschlossen worden. Und nun muß sie erfahren, daß sie für zwei Blutstropfen verkauft worden ist.

Arme Deianeira!

Aber als sie wieder allein ist und vornübergebeugt mit verschränkten Armen in ihrem Zimmer auf und ab geht, sagt sie sich: »Es ist ja deswegen nicht ausgemacht, daß mich Herakles nicht liebt. Er hat mir doch seine Liebe immer wieder und immer wieder gezeigt. Wir haben doch Kinder miteinander, Hyllos und Makaria.«

Und sie ging hinüber ins Kinderzimmer und streichelte den beiden Schlafenden über die Köpfchen.

»Es kann ja sein«, redete sie weiter mit sich selbst, als sie wieder in ihrem Zimmer auf und ab ging, vornübergebeugt, die Arme vor dem Körper verschränkt, »es kann ja sein, daß er eine Wette eingegangen ist mit meinem Bruder, damals kannte er mich ja noch nicht. Aber jetzt kennt er mich, und jetzt liebt er mich und denkt gar nicht mehr an diese Wette.«

Dann kommt Herakles nach Hause. Deianeira ist versucht, ihm von dem Besuch der alten Frau zu erzählen. Aber sie tut es nicht.

Herakles nimmt nicht viel Notiz von ihr. Deianeira bemüht sich, Herakles zu gefallen. Sie versucht es zuerst mit Milde, ist sehr zärtlich zu ihm. Sie schmust. Aber sie merkt, Herakles hat sein Interesse an ihr verloren. Dann gibt sie sich kindlich und hilfsbedürftig. Gewöhnt sich Augenaufschläge und eine nuschelnde Sprechweise an. Aber auch das wirkt bei Herakles nicht. Sie gibt sich mütterlich und gibt sich streng, aber auch darauf reagiert Herakles nicht. Herakles hat jedes Interesse an ihr verloren.

Deianeira kann es nicht glauben. Helle Panik steigt in ihr auf. Da erfährt sie, daß Herakles ein Heer zusammenstellt. Was ist geschehen? Sie erkundigt sich, wo denn Krieg sei, was denn passiert sei. Sie erfährt, Herakles habe mit einem König einen Wettbewerb im Bogenschießen veranstaltet, Herakles – wer denn sonst – habe diesen Wettbewerb gewonnen, und der Preis sei die Tochter des Königs gewesen. Der König habe den Preis nicht zahlen wollen, und nun marschiere Herakles los. Denn er sei vernarrt in diesen Preis.

Das zerschmettert Deianeira. Sie geht hin zu diesem König und sucht diese Tochter auf. Die Tochter heißt Iole.

Deianeira sagt zu Iole: »Ich bin die Frau von Herakles. Was nimmst du ihn mir weg?«

Iole ist ein junges, arrogantes Ding, sie tut gelangweilt, sagt: »Ich bin gewonnen worden, mir ist es recht. Was willst du? Wenn er dich nicht liebt, wenn er kein Interesse mehr an dir hat, was kann ich dafür?«

Sie schickt Deianeira wieder weg.

Nun ist Deianeira noch verzweifelter. Da fällt ihr dieses Zaubermittel ein, das ihr der Kentaur Nessos gegeben hat, das Fläschchen mit dem Blut. Sie will sich selbst und auch dem Herakles etwas Gutes tun, sie ist ja der Meinung, daß Herakles bei ihr, nur bei ihr gesund werden kann, nur sie ihn von seiner grauenhaften Umtriebigkeit heilen kann.

Sie bestreicht mit dem Blut ein Gewand von Herakles und schickt es hinaus ins Feldlager zu ihrem Mann.

Nun erfahren wir, daß der Kentaur Nessos gelogen hat, daß er nicht eine letzte gute Tat tun wollte, daß er im Gegenteil eine letzte böse Tat tun wollte. Das Blut des Kentauren brennt wie Feuer. Es verbrennt den Körper desjenigen, der mit ihm in Berührung kommt. Und Herakles zog das Kleid an.

Die Weissagung des Orakels von Delphi ging also in Erfüllung: »Die Liebe wird in deinem Leben sehr heiß sein.«

Dieses Kleid, das mit dem Blut des Nessos getränkt war, das darum das Nesselkleid genannt wird, es brennt höllisch auf Herakles' Körper. Er reißt das Kleid herunter und reißt sich dabei die Haut mit ab. Herakles droht zu sterben.

Es gibt noch die zweite Weissagung, und die lautet: »Kein Lebender wird dich töten.« Der Kentaur Nessos ist ja schon tot. Ein Toter hat Herakles also zu Fall gebracht.

Herakles bricht nieder, schreiend, am ganzen Körper eine einzige Wunde. Als Deianeira davon erfährt, nimmt sie sich das Leben. Die Geschichte nimmt nun ein dramatisches Ende.

Herakles, der eine einzige Wunde ist, die Schmerzen sind unerträglich, bekommt von seinem Vater Zeus eine Nachricht zugesandt. Zeus läßt ihm in kühlen Worten ausrichten: »Bau einen Scheiterhaufen! Leg dich auf diesen Scheiterhaufen, und bitte jemanden, daß er diesen Scheiterhaufen anzündet.«

Herakles tut, was Zeus befiehlt. Er hofft auf seinen Vater, hofft, wenn er gehorcht, wird sich sein Schmerz auflösen.

Er richtet einen Scheiterhaufen auf, legt sich darauf und ruft seinen Freunden zu: »Wer will diesen Scheiterhaufen anzünden? Ich bitte euch, tut es! Tut es! Zeus will es so!«

Aber die Freunde sind starr vor Entsetzen, niemand traut sich, die Fackel auf diesen Scheiterhaufen zu werfen. Und Herakles liegt da und schreit zum Himmel.

Da kommt Poias des Weges. Poias ist ein Hirte. Er schaut sich die Sache an.

Herakles schreit: »Zünde mich an! Zünde mich an!«

Poias ist ein durch und durch materialistisch gesinnter Hirte, er sagt: »Was soll ich tun?«

»Mich anzünden!« schreit Herakles. »Zeus will es so. Und ich muß gehorchen!«

»Was gibst du mir dafür, wenn ich dich anzünde?« fragt Poias.

Herakles sagt: »Ich gebe dir das Beste, was ich besitze. Ich gebe dir meinen Bogen.«

Da sagt Poias: »Wer bist du?«

»Ich bin Herakles!«

Diesen Namen kennt Poias, und er sagt: »Na gut. Den Bogen des Herakles gegen die Brandfackel, das ist ein guter Tausch.«

Er wirft die Fackel auf den Scheiterhaufen, und Herakles verbrennt.

Bevor wir von der Himmelfahrt unseres Helden berichten, wollen wir kurz von der weiteren Geschichte dieses Bogens erzählen. Der Sohn des Poias war Philoktet, und Philoktet erbte von seinem Vater, als einziges Erbe übrigens, diesen Bogen des Herakles. Philoktet brachte es zum Meister auf diesem Gerät. Als dann die Helden von ganz Griechenland zusammengetrommelt wurden, um nach Troja zu ziehen, meldete sich auch Philoktet.

Er sagte: »Ich bin ein guter Bogenschütze. Außerdem besitze ich den Bogen des Herakles.«

Er war der beste Bogenschütze im Heer. Agamemnon, der Heerführer, war froh, einen solchen Bogenschützen bei sich zu haben.

Da wurde Philoktet, noch bevor sie Troja erreichten, von einer Schlange gebissen. Die Wunde begann zu schwären, sie stank entsetzlich und schmerzte genauso entsetzlich, und das veränderte den Charakter des Philoktet.

Er war nämlich vorher ein fröhlicher Mann gewesen, und nun wurde er zänkisch und böse. Er wurde zynisch und bitter, stöhnte die ganze Zeit über seine Schmerzen, beschimpfte seine Freunde, beschimpfte die Offiziere, und niemand wagte es, sich ihm zu nähern, weil die Wunde so entsetzlich stank.

Da machte Odysseus einen Vorschlag: »Dieser Philoktet wird die Moral der Truppe zersetzen«, sagte er. »Setzen wir ihn aus.«

Sie luden den Philoktet vom Schiff und warfen ihn auf eine einsame Insel. Dort lag er nun mit seinem Bogen, und die Wunde heilte nicht, sie schwärte weiter.

Aber siehe da, am Ende des Trojanischen Krieges, noch hatten die Griechen die Stadt nicht eingenommen, kam ein Wahrsager und sagte: »Ihr werdet diese Stadt niemals einnehmen, wenn nicht Philoktet bei euch ist, denn er ist der Besitzer des Bogens des Herakles.«

Nun mußten die Griechen jemanden losschicken, um den Philoktet, der nichts auf der Welt mehr haßte als diese Griechen, zu überreden, daß er zurückkomme und an ihrem Krieg teilnehme.

Sie schickten den Sohn des Achill, Neoptolemos, und es gelang ihm auch tatsächlich, den Philoktet zu überreden, denn nur mit dem Bogen des Herakles konnte Troja von den Griechen eingenommen werden. Und so war es dann auch.

Nun, Zeus hat den Herakles ja nicht auf den Scheiterhaufen befohlen, um ihn weiter zu quälen, sondern um die Sterblichkeit aus ihm herauszubrennen. Denn Zeus hatte beschlossen, den Herakles zu einem Gott zu machen.

Als seine leibliche Hülle verbrannt war, hob Zeus des Herakles eigentliches Wesen, wir sagen dazu: seine Seele, in den Himmel. Den Herakles selbst, also sein Sichtbares, heftete er an den Himmel als Sternzeichen.

Von nun an war Herakles ein Gott, er durfte an der Tafel der Götter speisen. Zeus gab ihm großzügig die Göttin Hebe zur Gattin. Hebe ist die Göttin der Jugend. Seitdem hatten die Griechen einen Gott mehr im Himmel.

Nicht alles geht logisch und chronologisch zu in diesen Geschichten. Es sind nicht unbedingt Geschichten, aber es sind schöne Geschichten. Und als solche sind sie wahr.

Apoll

Von Koronis und einem großen weißen Vogel – Von Chiron und seinem besten Schüler – Von dem Vorschlag, einen Gott der Medizin zu installieren – Von der Eifersucht des Zeus – Von Leto und der Eifersucht der Hera – Von der Weisheit der Erde – Von der Entführung des Ganymed und dem Aufstand der Götter – Von der Rache des Zeus – Von Admetos und Alkestis

Vor Apotheken kann man das Schild sehen. Es zeigt ein geschwungenes A mit einem Schlangenkopf oder einen Stab, um den sich eine Schlange windet. Das ist der Äskulapstab. Er hat seinen Namen von Aesculapius, und der war nach dem griechischen Asklepios so benannt. Asklepios aber hieß der berühmteste mythische Arzt der Antike. Von ihm will ich berichten, auch von ihm, vor allem aber von seinem Vater.

Sein Vater war Apoll.

Man möge mir verzeihen, wenn ich diesen Gott erst ein wenig umkreise, bevor ich direkt auf ihn zu sprechen komme. Er nimmt im Olymp eine Sonderrolle ein, und sei es auch nur deshalb, weil die Mythographen und Ausleger, die Kulturgeschichtler und Dichter im Lauf der Jahrhunderte eine Sonderrolle für ihn geschrieben haben, die ihn auf der Bühne unserer Geisterwelt in einem Licht erscheinen läßt, das sich nicht mehr allein aus griechisch-antiken Quellen speist, sondern ihn zu einem gesamtabendländischen Liebling macht, der für alle möglichen Sehnsüchte herhalten muß. Deshalb wollen wir uns ihm über seinen Sohn Asklepios und dessen Mutter nähern.

Es ergab sich eines Tages, daß sich der Gott in eine Menschenfrau verliebte, nämlich in Koronis. Und er verliebte sich mit allen Schmerzen. Apoll lieferte sich dieser fröhlichen Königstochter aus. Er gab mehr, als er bekam. Sie war wohl am Anfang beeindruckt von seiner strahlenden Göttlichkeit, aber sie liebte ihr Menschsein sehr, und ihre Weiblichkeit liebte sie auch sehr. Sie ahnte, daß der Umgang mit einem Gott von ihrer Eigenliebe nichts übrig lassen würde, und instinktiv hielt sie Apoll auf Distanz.

Sie ließ sich mit Männern ein, von denen selbstverständlich keiner dem Zeussohn das Wasser reichen konnte. Männer waren sie, mehr nicht – aber auch nicht weniger –, sie liebten das Leben, und sie liebten sich selbst, und ihr Interesse an Koronis hielt eine Nacht, vielleicht zwei, vielleicht drei, aber es war nicht absolut. Apoll dagegen liebte absolut, denn ein Gott liebt absolut. Auch wenn diese Liebe nur kurz währen sollte, sie war absolut, und sie war es in jedem Augenblick.

Entgegen seinem strahlenden Namen, der uns ihn heute vorführt als einen erfolgreichen, vor allem bei Frauen erfolgreichen Gott, war Apoll gar nicht so erfolgreich bei Frauen, hatte da im Gegenteil oft Pech. Niemand weiß, warum. Nützen denn Schönheit, Geist, Talent auf allen Gebieten, Kraft und Erhabenheit nichts? Nein? Was nützt denn bei Frauen? Apoll war verzweifelt. Kann man die Frauen mit Nachkommenschaft binden?

So wurde Koronis schwanger von Apoll. Sie trug sein Kind unter dem Herzen. Was ist Charme? Wenn man es nur wüßte! Apoll hätte seinen Platz an der olympischen Tafel dafür gegeben! Koronis war schwanger, aber dann lernte sie einen anderen Mann kennen, einen, wie es hieß, weder schönen noch geistvollen, weder talentierten noch kräftigen und schon gar nicht erhabenen, aber einen charmanten Mann, und Koronis heiratete diesen Mann. Dieses kümmerliche menschliche Mängelwesen zog sie dem Gott vor!

Sie war schwanger von einem Gott und heiratete einen Menschen! Ein Fest für jede Gerüchteküche! Apoll wußte lange nichts davon. Er wartete auf ein Zeichen von Koronis, wartete neben der Quelle, an der sie sich immer getroffen hatten. Manchmal hörte er ein Rascheln und dachte, jetzt kommt sie. Aber wieder war es nichts. Es waren die Neugierigen, die den Liebeskranken durch die Zweige hindurch anglotzen wollten.

Da kam ein Rabe geflogen, und der erzählte es ihm.

»Deine Koronis tut nicht recht«, sagte der Rabe.

Ach, die Raben! Diese grundehrlichen, treuen, großen weißen Vögel! »Koronis, deine Geliebte, die schwanger von dir ist, ist bei einem anderen Mann.«

»Was sagst du da?« fragte Apoll leise.

»Ja«, sagte der grundehrliche Vogel, »Koronis hat geheiratet. Sie habe das ludrige Leben satt, sagt sie.«

Da wurde Apoll so zornig, und er brüllte den Raben mit solcher Gewitterstimme an, daß ihm das Gefieder vor Schreck schwarz wurde. Von diesem Tag an sind die Raben große schwarze Vögel.

Apoll war damit noch lange nicht zufrieden. Der Zorn eines Gottes kann mit Herumschreien nicht gekühlt werden, auch mit Holzhacken nicht. Apoll suchte Artemis, seine Zwillingsschwester, auf und sagte zu ihr: »Schieß diese Koronis mit einem Pfeil ab, schieß sie ab! Mach sie tot, diese verfluchte Sterbliche! Ich will sie nicht mehr sehen. Ich will sie nicht einmal mehr im Visier meiner Waffe sehen!«

Artemis tat es. Einvernehmen herrschte zwischen den Geschwistern. Sie, die Keusche, kennt kein Erbarmen, und Mitleid mit den Liebhaberinnen ihres Bruders kennt sie sowieso nicht. Sie schoß Koronis ab. Bevor Koronis ihr Leben aushauchte, schnitt ihr Artemis, die Göttin der Jagd, nach Weidmannsart den Bauch auf und holte die göttliche Leibesfrucht heraus. Es war ein Knabe. Sie gab ihn seinem Vater.

»Soll ich ihn auch abschießen?« fragte sie. »Er ist dein Sohn, also zum Teil göttlichen Ursprungs. Ich dachte, ich frage erst.«

Apoll nahm das schreiende rosa Hautbällchen in seine Hände.

»Hast du einen Namen für ihn?« fragte Artemis. »Er sieht aus wie ein Ferkel.«

»So sehen alle Menschenkinder aus«, sagte Apoll. Er hatte Erfahrungen mit den Menschen, mehr Erfahrungen als die meisten seiner Mitgötter. »Ich will ihn Asklepios nennen«, sagte er.

»Ist gut«, sagte Artemis, und schon war sie dahin über Feld und Flur, durch Wald und Gebirg.

Apoll packte das schlechte Gewissen. Er ist ja der einzige Gott, der zu diesem merkwürdigen Gefühlsgemisch fähig ist. Ich kenne keinen anderen Gott, der je ein schlechtes Gewissen hatte. Apoll hat es manchmal. Es packte ihn das schlechte Gewissen, daß er im Jähzorn Befehl gegeben hatte, Koronis zu töten.

Nur wenige Götter verändern ihren Charakter im Lauf ihrer Geschichte – wenn man bei einem Gott überhaupt von Geschichte sprechen kann: Die meisten Götter sind, was sie sind, und bleiben, was sie von Anfang an waren. Sie leben in einem ewigen Augenblick. Apoll unterschied sich auch diesbezüglich von den meisten anderen. Er strebte nach einem Ideal. Dieses Ideal hieß Vernunft.

Er sagte sich: »Es war nicht vernünftig, die Frau, die ich liebte, töten zu lassen.« Wir geben ihm recht.

Er wollte seinen Jähzorn wiedergutmachen. Er wollte seinem Sohn Asklepios die beste Ausbildung angedeihen lassen, die sich denken läßt. Der tadelloseste Pädagoge in der griechischen Mythologie ist der Kentaur Chiron – von ihm habe ich bereits erzählt –, Chiron sollte der Lehrer des Asklepios werden.

Chiron war ein guter, ein gütiger, ein weiser und freundlicher Erzieher. Er hatte viele Helden großgezogen, Jason hatte er zum Mann gemacht, Achill, dessen Vater Peleus, Herakles versuchte er zu formen. Er nahm sich gern des Asklepios an.

»Wofür interessierst du dich am meisten?« fragte er den Buben.

»Für alles, was man nicht sieht«, antwortete Asklepios.

»Eine gute Antwort«, sagte Chiron. »Aber du mußt sie mir näher erläutern. Nenne etwas, das man nicht sehen kann.«

»Zum Beispiel«, sagte Asklepios, »wie es innen im Menschen aussieht.«

»Sehr gut«, lobte Chiron. »Wirklich sehr gut!«

Zu Apoll sagte er: »Er wird gut. Er wird der Beste.«

»Nichts weniger«, sagte Apoll.

Die Lieblingswissenschaft des Chiron war die Medizin. Er nahm sich vor, aus Asklepios den besten Arzt zu machen. All sein medizinisches Wissen gab Chiron diesem Kind.

Asklepios war ein sehr intelligenter und gelehriger Schüler. Und wenn sich sein Lehrer eher der Theorie, der Forschung, verschrieben hatte, so neigte Asklepios entschieden zur Praxis. Als junger Mann jedenfalls.

»Forschung«, pflegte er zu sagen, »die Forschung kann doch nur einen Zweck haben, nämlich zu heilen.«

Bald war er ein berühmter, weit geschätzter Arzt. Er half Leuten, die keine Hoffnung mehr hatten. Die Menschen strömten zu ihm und baten um Rat. Und Asklepios wußte Rat. Er linderte. Er tröstete. Er heilte.

Apoll war sehr stolz auf seinen Sohn, und er machte oben im Olymp in Anwesenheit des Zeus einen Vorschlag.

Er sagte: »Wollen wir nicht hier oben auf dem Olymp einen Gott der Heilkunst haben? Die Heilkunst hat eine Zukunft, sie entwickelt sich. Die Menschen bringen den Ärzten Vertrauen entgegen, sie verehren den Arzt. Wir sollten im Olymp einen Gott der Heilkunst haben. Ich schlage vor, daß mein Sohn Asklepios unsterblich und zum Gott gemacht wird.«

Apolls Karten waren gar nicht so schlecht. Seine Halbschwester Athene zum Beispiel stimmte diesem Vorschlag zu. Sie hatte eine Schwäche für jenes Treiben, das der Mensch Wissenschaft nennt. Auch Apolls Schwester Artemis stimmte seinem Vorschlag zu, wohl nur aus geschwisterlichem Einvernehmen. Hephaistos, der Schmied, der Techniker, der geniale Handwerker, war auch dafür. Der Mensch sei im Prinzip nichts anderes als eine Maschine, sagte er, und Maschinen soll man im Gegensatz zu Göttern auseinandernehmen und wieder zusammenbauen.

Apoll argumentierte weiter: »Seht ihr, ich und meine Schwester Artemis, wir sind dafür da, um den kranken, alten Menschen den Pfeil zu senden«, den sanften Pfeil meinte er. Apoll und Artemis haben nämlich unter anderem die Aufgabe, den Menschen, wenn er alt und krank ist, vom Leben in den Tod zu befördern. »Warum kann es nicht einmal umgekehrt sein?« sagte Apoll. »Warum können wir, die wir sonst immer Leben verkürzen, warum können wir nicht auch Leben verlängern?«

Die übrigen Götter waren einverstanden, die Leidenschaft Apolls steckte sie an.

Nur einen steckte diese Leidenschaft ganz und gar nicht an, nämlich Zeus.

Zeus sagte: »Nein!«

»Und warum nicht?« fragte Apoll, ohne seinen Vater anzusehen.

»Weil ich nein sage!«

»Aha.«

Hier zeigt sich ein Grundkonflikt im Olymp, und es ist ein Konflikt, wie er in vielen Familien die Gemüter in Spannung hält. Apoll ist der erstgeborene Sohn des Zeus, und Zeus war immer mißtrauisch, daß er ihm die Macht wegnehmen könnte. Er war auf Apoll grundsätzlich schlecht zu sprechen. Er mochte ihn nicht. Konnte ihn nicht leiden. Kritisierte an ihm herum. Sein Äußeres war ihm zu weibisch. Wie ihm das Äußere seiner Schwester Artemis zu männlich war. Apoll, der als junger Gott um die Liebe seines Vaters gebuhlt hatte, hat sich später in große Distanz zu Zeus begeben.

Er zuckte mit der Schulter, erhob sich von der Göttertafel und sagte: »Na gut, wenn nein, dann eben nein.«

Und ging hinab zu seinem Sohn Asklepios und sagte zu ihm: »Tu du dein Handwerk, übe du deine Kunst aus. Übe sie aus, so gut du kannst. Du stehst unter meinem Schutz. Was auch immer du tust, du hast meinen Segen.«

Asklepios wirkte weiter als Arzt, und er tat sehr viel Gutes. Er brachte den Menschen Hoffnung, und er brachte ihnen Trost und Genesung. Er heiratete, und er hatte zwei Söhne. Diese beiden Söhne unterrichtete er in der Kunst der Medizin. Einer von diesen wurde Chirurg, der andere wurde Seelenarzt – ja, auch das gab es damals schon im mythischen Griechenland.

Asklepios selbst blieb zwar praktischer Arzt, aber da er nun Söhne hatte, die das Handwerk gut verstanden und ihm viel Arbeit abnahmen, wandte er sich doch, entgegen seinem ersten, jugendlichen Ruf, immer mehr der Wissenschaft zu. Es interessierte ihn bald nur mehr eine Frage: Wie kann der Mensch unsterblich gemacht werden? Was kann wissenschaftlich unternommen werden, damit der Mensch nicht stirbt? Und weiter sogar: Was kann die Wissenschaft tun, um einen Toten aus dem Hades zurückzuholen?

Und seine Forschungen hatten Erfolg. Mir fällt eine Anekdote ein: Woody Allen, der befragt wurde, ob er sich wünsche, daß seine Werke unsterblich würden, soll gesagt haben: Meine Werke? Was gehen mich meine Werke an! *Ich, ich* will unsterblich sein! Asklepios hätte ihm diesen Wunsch erfüllen können!

Es gelang dem Meister, Menschen wieder ins Leben zurückzurufen, Menschen, die nicht mehr atmeten, deren Augen schon gebrochen waren. Sein Ruhm war beispiellos! Aus allen Ländern pilgerten Männer, Frauen, Kinder zu ihm, sie fielen vor ihm auf die Knie, und sie wollten ihn verehren wie einen Gott.

Aber Asklepios sagte: »Nicht ich! Steht auf! Ich bin nur ein Wissenschaftler. Der Gott, das ist mein Vater, das ist Apoll. Wenn ihr jemanden anbeten wollt, dann Apoll!«

Das taten die Leute. Apoll hatte einen Zulauf wie nie zuvor, wie nie ein anderer Gott. Apolltempel wurden überall errichtet. Es sah so aus, als ob dieser Gott größer würde als sein Vater Zeus, daß er ihm den Rang abliefe, daß er ihn stürzte – ohne Gewalt, nicht wie Zeus seinen Vater Kronos gestürzt hatte.

Das weckte die Eifersucht des Zeus. Er blickte hinunter auf die Erde und hörte die Rufe der Verehrung für seinen Sohn. Aber er wartete noch ab. Er wußte, er war im Himmel ziemlich allein mit seiner Abneigung gegen diese beiden so sympathischen, neugierigen, wissensdurstigen Herren, gegen Apoll und Asklepios.

Da kam ihm sein finsterer Bruder Hades unverhofft zu Hilfe. Hades ist kein böser Gott, er ist ein gerechter Gott, das Wort Kompromiß kennt er nicht, und von Forschung im Grenzbereich zwischen Leben und Tod hält er berufsbedingt nichts.

Er kam und sagte zu Zeus: »Es stört mich nicht so sehr, daß vielleicht keine Menschen mehr sterben. Es stört mich nicht einmal so sehr, daß dieser Herr Asklepios die Toten aus meinem Reich herausholt. Aber es stört mich die offensichtliche Ungerechtigkeit. Entweder sind alle Menschen sterblich, oder alle Menschen sind unsterblich. Entweder werden alle Menschen in den Hades gebracht, oder es werden alle Menschen aus dem Hades ins Leben zurückgeführt. Ich weiß ja, daß sie alle verrückt nach dem Leben im lieben Sonnenlicht sind. Aber ich kann es nicht dulden, daß einige privilegiert sind und zurückgeholt werden und andere nicht. Wenn dieser Herr Asklepios seine Kunst weiter betreibt«, sagte Hades, »dann werde ich selbst die Tore meines Reiches öffnen und werde alle Toten zurück ins Leben schicken. Auf der Erde wird ein Gedränge sein, und es werden Eifersucht und Haß und Neid und Rachsucht herrschen. Denn es wird eng werden auf der Erde.«

Diese Beschwerde des Hades kam Zeus gerade recht. Er sagte zu den anderen Göttern: »Ihr habt es gehört, ich muß handeln.«

Und ohne Vorwarnung, ohne daß er mit Apoll darüber gesprochen hätte, nahm er einen seiner Blitze und schleuderte ihn gegen Asklepios und tötete den Arzt.

Das löste einen ungeheuren Zorn in Apoll aus, eine tiefe, unheilbare Verbitterung. Aber Apoll ließ sich nicht vom Jähzorn hinreißen. Er stählte seinen Haß mit Vernunft. Er plante den Aufstand gegen seinen Vater, und er hatte gute Chancen.

Bevor ich in der Geschichte fortfahre, möchte ich ein wenig grübeln. Apoll war ein Grübler. Grübeln wir über ihn nach.

Apoll wurde erst durch die Römer zu einem strahlenden Gotthelden, bei den Griechen war er eine durchaus gebrochene, unglückliche, eine – ungeschickt wäre falsch gesagt –, eine merkwürdig eigensinnige Persönlichkeit. Die Römer haben übrigens den Apoll als einzigen auch mit seinem Namen übernommen. Denn aus Zeus wurde Jupiter, aus Hera Juno. Aus dem Kriegsgott Ares wurde

Mars, aus Hermes Merkur, aus Aphrodite wurde Venus und so weiter und so fort. Aus Apoll wurde Apoll, Apoll blieb Apoll.

Er ist eine dialektische Gottheit. Er bringt einerseits den Tod, indem er mit seinen sanften Pfeilen die Menschen abschießt, andererseits ist er der Gott der Heilkunst. Er zupft aus den Saiten der Lyra trostreiche Musik, dieselben Saiten spannt er als Sehnen in seinen Bogen, der trostlosen Tod bringt. Er ist der Gott der Hirten, aber der Wolf ist ihm das nächste Tier.

Er wird auch Phoibos Apoll genannt, das spielt auf seinen Anspruch an, auch Sonnengottheit zu sein. Man weiß, woher die Idee zu dieser Gottheit kam, nämlich aus dem Babylonischen, dort wurde sie Schamasch genannt und war die Gottheit der Sonne.

Zeus hat Apoll gezeugt zusammen mit der Titanin Leto. Als Leto schwanger war, wurde sie von Hera, der ewig Eifersüchtigen, verfolgt. Hera hetzte erst den Drachen Python auf Leto, der solle sie verschlingen. Das Ungetüm machte der Schwangeren das Leben schwer, aber es versagte. Zeus ließ es nicht zu, daß seine Nachkommenschaft im Magen eines Monsters verdaut würde.

So schickte Hera Leto einen Fluch nach: »Jedes Land«, bestimmte sie, »jedes feste Stück Land, das diese Leto auf seinem Boden gebären läßt, wird zerrissen zu Spreu und in die Winde geworfen!«

Das will kein Land.

Leto irrte durch die Welt und suchte einen Platz, wo sie ihre Kinder, es waren Zwillinge, zur Welt bringen könnte. Da bot sich die Insel Delos an. Sie war, was es heute, da die Schöpfung auf diesem Gebiet wenigstens vollendet ist, nicht mehr gibt, nämlich eine schwimmende Insel.

Diese Insel argumentierte so: »Ich bin kein Festland, also kann mich der Fluch der Hera nicht treffen. Aber die Dankbarkeit der Leto kann mir nützen.«

Sie gab Leto einen schattigen Platz, und Leto brachte Apoll und Artemis zur Welt.

Diese beiden Kinder litten darunter, daß ihr Vater Zeus sie keines Blickes würdigte und sich nicht um sie kümmerte. Das hatte Folgen für Apoll, der sehr viele unglückliche Liebschaften hatte. Mit der Liebe konnte er nur sehr schwer umgehen. Wir vermuten – aber bitte, das ist nur eine Vermutung –, wir vermuten, er besaß keinen Charme. Hermes zum Beispiel besaß Charme.

Artemis verzichtete von vornherein auf die Liebe, sie sagte, sie wolle keusch bleiben auf ewig, sie wolle Jungfrau bleiben immerdar.

Am Anfang seines göttlichen Daseins hing Apoll an seinem Vater Zeus, suchte seine Liebe, entbehrte sein Lob. Später, als er merkte, er wird nur immer zurückgestoßen, machte er sich frei von dieser Sehnsucht. Sehnsucht aber ist eine Energie, und Energie kann nicht verlorengehen, das wissen wir aus der Physik, auch im Herzen eines Gottes kann die Sehnsucht nicht verlorengehen, sie kann umgeformt werden, das schon.

Als Apoll auf der Welt war, machte er sich gleich an die Arbeit, das Leid zu rächen, das seiner Mutter angetan worden war. Er schoß seine Pfeile auf Python ab, den Drachen, der die schwangere Leto auf Befehl der Hera hatte verschlingen sollen, und er tötete den Drachen.

Python war ein Geschöpf der alten Mutter Erde, der Gaia, und Gaia zürnte dem jungen Gott. Sie bespuckte Apoll mit Schlamm. Da bekam er seinen ersten Anfall von Jähzorn.

»Schau mich doch an«, schrie er in das Loch der Erde, das sich vor ihm auftat. »Was machst du dich stark für dieses Geschöpf. Es ist häßlich! Es ist unnütz!«

»Und was denkst du, bin ich?« sagte Gaia.

Und sie sagte es in einem Ton, der Apoll zur Vernunft brachte.

»Alle Weisheit ist in mir«, sagte Gaia. »Und aus diesem Loch hier kann ich die Weisheit strömen lassen. Aber nicht für einen, der mir ein Geschöpf getötet hat und dafür keine andere Entschuldigung vorbringt, als daß er schöner sei als jenes.«

»Was kann ich tun, daß du mir deine Weisheit gibst?« fragte Apoll.

Da gab ihm Gaia den Rat, er solle an ebender Stelle, wo er Python erlegt hatte, ein Orakel gründen, und weiter solle er eine Priesterin einstellen und sie im Andenken an ebenjenes häßliche Geschöpf Pythia nennen.

Apoll tat, wie ihm Gaia geheißen, und gründete das Orakel von Delphi. Hier wollte er den Menschen gute Ratschläge für ihr Leben geben. Und: Hier in Delphi entfaltete sich sein Ruf, so daß der Gott von Delphi dem Olymp bald schwere Konkurrenz machte.

Dann – es war lange vor dem Fall Asklepios' – geschah etwas, was große Unruhe im Himmel auslöste. Zeus nahm sich einen jungen Liebhaber, und zwar Ganymed, einen Prinzen aus Troja.

Zeus verliebte sich schrecklich in diesen Prinzen. Er riß ihn aus seiner Umgebung heraus, führte ihn auf den

Olymp und machte ihn dort zum Mundschenk. Das empörte die Götter, allen voran natürlich Hera. Und diesmal hatte sie Unterstützung.

Die Götter sagten: »Das ist ungeheuerlich, daß du deine Gattin dermaßen demütigst, dir einen Geliebten zu holen und es vor ihren Augen mit ihm zu treiben.« Aber Zeus war nicht umzustimmen, er war so schrecklich verliebt in diesen Ganymed.

Nun besprachen sich Hera und Apoll, und mit dem Lockversprechen, er könnte doch unter Umständen der Nachfolger des Göttervaters werden, gewannen sie Poseidon, den Gott des Meeres, den blauhaarigen Bruder des Zeus.

Athene, die Unbestechliche, stellte sich, ohne daß ihr ein Posten im Schattenkabinett der Aufrührer versprochen worden wäre, hinter Hera. Es waren sich also die stärksten Gottheiten einig. Sie fielen von hinten über Zeus her, schlugen ihn zu Boden – unvorstellbar! –, der ganze Olymp bis hinunter zu den satten Fluren muß gedröhnt haben. Sie hielten ihn fest und knoteten ihn an jedem Bein und an jedem Arm mit hundert Knoten an das Gestein.

Aber da gab es eine kleine Verräterin, eine süße Verräterin, die Meeresnymphe Thetis. Sie war sehr verliebt in Zeus, und sie sah, daß ihr großer Geliebter hilflos gefesselt am Boden lag. Sie rannte in den Hades und rief den hundertarmigen Riesen Briareos herbei.

Sie sagte: »Du mußt Zeus helfen!«

Und dieser hundertarmige Riese stampfte zum Olymp hinauf, warf zur Seite, was ihm im Weg stand, Bäume, Felsen, Götter. Mit seinen fingerfertigen hundert Händen knüpfte er die hundert Knoten im Nu auf, und Zeus war befreit.

Und er sagte: »So! Nun! Mein ist die Rache.«

Er packte seine Frau Hera, hängte sie an den Himmel und band an ihre Beine die schweren Ambosse ihres Sohnes Hephaistos: »Ich werde dich in die Länge ziehen, bis dir Hören und Sehen vergeht!«

Hera hing am Himmelsgewölbe und wurde von ihrem Gatten gefoltert – unvorstellbar auch dieses Bild, oh, das hat den Griechen wehgetan!

Es kam dann Hephaistos und sagte empört: »Meine Mutter? Nicht mit meinen Ambossen!« Er nahm ihr die Ambosse von den Füßen und befreite sie. Dafür wurde er von Zeus vom Himmel heruntergeschleudert. Es war das zweite Mal, daß Hephaistos diese Schnellreise machte. Gewöhnen kann man sich daran nicht, auch ein Gott nicht.

Zeus sagte: »Poseidon und Apoll, weil ihr euch gegen mich empört habt, werde ich euch demütigen. Ihr, die ihr so große Gottheiten seid, müßt auf der Erde Frondienst tun. Ich gebe den Ganymed zurück, ich habe es unter der Folter versprochen, er soll nach Troja zurückkehren. Und ihr, ihr könnt gleich mit ihm gehen. Ihr sollt in Troja dem König Laomedon helfen, eine Mauer um die Stadt zu bauen. Denn irgendwann wird es einen Krieg um diese Stadt geben, und dann soll sie nicht im ersten Handstreich eingenommen werden können.«

Apoll und Poseidon gehorchten. Zeus aber behielt ein Weh im Herzen, nämlich daß er seinen geliebten Ganymed hat ziehen lassen müssen. Er hob sein Bild an den Himmel und machte aus ihm das Sternbild des Aquarius.

Poseidon und Apoll traten in die Dienste des trojanischen Königs. Sie bauten ihm eine Mauer um die Stadt. Ein Götterjahr arbeiteten sie, das sind acht Menschenjahre. Woher wir das wissen? Keine Ahnung. Damit war die Sache zwar nicht vergessen, aber sie war bereinigt, bis..., bis die Geschichte mit dem Asklepios geschah.

Zeus hatte den Arzt in seiner Eifersucht mit seinem Blitz vernichtet. Und Apoll sann wieder auf Vergeltung. Er war diesmal vorsichtig, er wußte: Offen kann ich gegen meinen Vater nicht auftreten. Er wußte, daß die Blitze von drei Kyklopen geschmiedet wurden, sie waren Zeus' mächtige Waffe. Er dachte sich: Wenn ich ihm diese Waffen wegnehme, dann ist ein Großteil seiner Macht gebrochen.

Und er erschoß diese drei Kyklopen, die Schmiede der göttlichen Blitze.

Nun war es an Zeus, verbittert und zornig zu sein. Er wollte nun ohne großes Federlesen mit diesem Generationskonflikt im Olymp aufräumen. Er hatte die göttliche Nase voll.

Zeus verkündete: »Ich will Apoll in den Tartaros schmeißen, in den hintersten, dunkelsten Winkel der Hölle!«

Auch wenn die anderen Götter durchaus der Meinung waren, Apoll gehöre bestraft, dieses Bild, daß ein Gott wie Apoll neben einem Tantalos, neben einem Sisyphos gequält werden soll, das ließ ihr göttlicher Stolz nicht zu! Nein. Ein neuer Aufstand drohte, und überraschenderweise gab Zeus nach.

Er sagte: »Gut, ich werde Apoll noch ein zweites Mal auf die Erde schicken. Wieder soll er einem König demütig dienen.«

Er schickte ihn zu König Admetos. Aber entweder hatte sich Zeus nicht genau erkundigt, oder aber er war doch nicht ein so grobschlächtiger Vater, wie manche ihm vorwerfen. Dieser Admetos war nämlich ein gütiger, liebevoller Mann, und Apoll befreundete sich mit ihm, und die Zeit an seinem Hof wurde ihm eine liebe Zeit.

Apoll lernte das Los und die Mühen und auch das Elend der Menschen kennen. Er gewann Einsicht in das Leben der Menschen.

Admetos hatte eine Frau, die hieß Alkestis, und Admetos und Alkestis liebten sich. Es war Apolls größter Wunsch, diesen beiden etwas Gutes zu tun, bevor er wieder in den Olymp auffuhr.

Das ist kurzgefaßt die Geschichte von König Admetos und seiner Frau Alkestis:

Als Apolls Zeit auf der Erde verstrichen war, sagte er zu Admetos: »Paß auf! Ich gebe dir das schönste Geschenk, das ich dir, wie ich glaube, geben kann. Ich werde in der Stunde deines Todes, wenn ich von den Moiren den Befehl bekomme, meinen sanften Pfeil auf dich abzuschießen, noch einmal zu dir kommen, und wenn du bis dahin jemanden gefunden hast, der an deiner Stelle sterben will, dann lasse ich dich leben.«

Wir Menschen wissen, daß dies eine sehr zweischneidige Gnade ist. Apoll war im Menschlichen noch nicht so sehr bewandert. Er lernte noch – und er mußte aus der Geschichte eine bittere Lehre ziehen.

Admetos und Alkestis lebten ein Leben lang zufrieden und glücklich, natürlich vergaß Admetos das Geschenk des Apoll nicht. Er hatte oft darüber nachgedacht, und die Gedanken waren wie eine Schleife in seinem Hirn. Er wußte nicht, wie er aus diesem Dilemma herauskommen sollte.

Und dann war es eines Tags soweit. Admetos wurde krank, und er wußte, er würde bald sterben müssen. Nun besuchte er seine Freunde, er suchte all diejenigen auf, denen er im Leben Gutes getan hatte, und sagte: »Wärest du bereit, für mich zu sterben?«

Natürlich war niemand bereit. Alles wollten sie ihm geben, sie wollten ihm ihr Geld geben, ihr Haus, doch nicht ihr Leben.

Als die Stunde des Todes kam, stand Apoll vor ihm und sagte: »Was ist, Admetos? Hast du jemanden gefunden, der mit dir tauschen will?«

Alkestis aber lauschte an der Tür. Sie stürzte herein und sagte: »Was ist los? Worum geht es? Was muß geschehen, damit mein lieber Mann am Leben bleibt?«

Da erzählte ihr Apoll von seinem Angebot.

Da sagte Alkestis: »Ich! Ich möchte für meinen Mann sterben!«

Admetos sagte: »Nein! Ich will doch nur deinetwegen leben! Ohne dich will ich nicht leben!«

Es war ein Dilemma.

Apoll merkte, daß er großen Schaden angerichtet hatte.

Wie geht die Geschichte aus? Es kommt der Deus ex machina, der Gott aus der Maschine, in diesem Fall die Göttin. Persephone nämlich tauchte aus der Unterwelt auf und schenkte Alkestis und Admetos noch je ein Jahr und versprach ihnen, daß sie danach beide gemeinsam sterben würden wie Philemon und Baukis.

Euripides erzählt die Geschichte anders zu Ende. Sein Stück »Alkestis« war ja eigentlich als Satyrspiel geplant. Ein lustiger, sauffröhlicher Herakles ringt darin mit dem

Tod, besiegt ihn – wer hätte etwas anderes erwartet – und gibt Alkestis an Admetos zurück.

Apoll wandte sich nun ganz seinem Orakel in Delphi zu und gab dort Ratschläge an die Menschen, vorsichtige Ratschläge. Er wollte ja nicht wieder etwas falsch machen. Kein Wunder, daß seine Orakelsprüche oft so verschlüsselt waren.

Über dem Eingang ließ er eine Schrift anbringen, darauf steht: »Erkenne dich selbst!«

Das ist der Wahlspruch dieses Gottes. Und zugleich, wie es heißt, ist es der klügste Rat, den Gaia je nach oben geschickt hat.

Metamorphosen

Von Narkissos und Echo – Von Io, Argos, einer Kuh und einer Bremse – Von Kephalos und Prokris

»Die Metamorphosen« des Ovid ist eines meiner Lieblingsbücher, und das schon sehr lange. Zu jeder Tages- oder Nachtzeit, zu jedem Wetter, zu jeder Gemütslage findet sich dort eine Geschichte.

Nichts geht verloren! Davon erzählt dieses Buch. Keine Aussage enthält das Buch, keinen moralischen Hinweis, keine Deutung, sondern Erzählung. Als wäre die Welt nicht, wenn nicht erzählt wird. Nichts geht verloren, eins geht über ins andere, Wandlung und Verwandlung herrschen überall, und wir – wir nehmen daran teil, indem wir davon erzählen.

Von drei dieser Wandlungen und Verwandlungen möchte ich berichten.

Die Geschichte von Narkissos

Es war einmal eine Mutter, die war überglücklich, weil sie einen Knaben geboren hatte, der ganz außerordentlich schön war. Was heißt schön? Er war nicht ebenmäßig schön, aber er sah lieblich und anziehend und interessant aus. Was heißt das nun?

Wissen wir doch: Wenn eine Schönheit nicht in ihrer reinen Form zutage tritt, sondern wenn sie ein wenig, an wenigen Stellen an das Nichtschöne angrenzt, dann finden wir einen besonderen Reiz, einen erregenden Kitzel an dieser Schönheit. Und dieser Knabe, von dem wir erzählen wollen, verfügte über diese interessante, diese aufreizende, diese anziehende Schönheit.

Dieser Knabe hieß Narkissos. Er hatte blondes Haar, das wie Gold sein Gesicht umschmeichelte, und seine Augenbrauen waren nicht gerade wie ein Ideal, sie stiegen zur Mitte hin etwas an, er hatte grünblaue Augen. Wenn er sprach, verzog er ein wenig sein Mündchen, aber nicht viel, nur so ein wenig schief war sein Mund beim Sprechen, das machte sein Gesicht ganz außerordentlich lieblich.

Seine Mutter hätte ihren Sohn Narkissos am liebsten gar nie aus ihren Armen gelassen. Sie sorgte sich um seine Zukunft. Sie besuchte den Seher Teiresias und befragte ihn: »Wird denn mein Narkissos lange leben? Wird er ein langes Leben haben?«

Teiresias besah sich den Knaben, mit den Händen tastete er sein Gesicht ab, denn Teiresias ist ein blinder Seher, er strich über das Gesicht und die Schultern des Knaben, er ließ den Knaben ein paar Worte sprechen, fühlte dabei seinen Mund mit den Fingerspitzen. Er fühlte, daß der Mund ein klein wenig schief war beim Sprechen, und durch seine Finger wußte Teiresias, daß das ganz allerliebst aussehen mußte.

Dann tat Teiresias seinen Spruch, er sagte: »Ja, Frau, dein Narkissos wird sehr lange leben, aber nur unter einer Voraussetzung: Wenn er sich selbst nicht erkennt.«

Die Mutter wußte nicht, wie sie das deuten sollte. »Was soll das heißen?« fragte sie.

Teiresias sagte: »Ja, ich sollte eigentlich meine Sprüche nicht kommentieren, das nimmt ihnen den Reiz des Rätsels. Aber in diesem Fall, weil du ein so außergewöhnlich schönes Kind hast, dessen Schönheit ein wenig am Nichtschönen streift, was die Sache ja gerade so lieblich macht, deshalb werde ich dir sagen, was ich meine. Seine Seele kann er ruhig erkennen, auch seine geistigen Fähigkeiten kann er erkennen, das schadet alles nichts. Aber er soll nicht erkennen, daß er so schön ist. Er soll sein Äußeres für durchschnittlich halten. Am besten, er interessiert sich nicht dafür. Dann wird er lange leben. Mehr kann ich dazu nicht sagen.«

Damit mußte sich die Mutter zufriedengeben.

Narkissos war noch ein Kind, und er dachte gar nicht daran, über sich selbst nachzudenken. Er wurde von allen bewundert, aber er ließ sich nicht von Arroganz hinreißen, er merkte es gar nicht, daß er bewundert wurde. Die Mutter hütete sich, seine Schönheit in seiner Gegenwart zu loben. Sie gewöhnte sich sogar einen etwas ruppigen Ton an im Umgang mit ihm.

Und dann sah eines Tags die Nymphe Echo den Narkissos, wie er beim Wasser spielte. Da war er dann schon fünfzehn, und um seine Oberlippe keimte der erste Flaum. Es braucht nicht erwähnt zu werden, daß das seine Schönheit, eben diese besondere Schönheit, nur beförderte.

Heimlich beobachtete ihn Echo. Und wie sie sich in Narkissos verliebte!

Echo hatte einen Sprachfehler, sie plapperte alles nach, was die Leute sagten. Das hatte einen Grund.

Sie gehörte zu einer Schar von Nymphen, die Zeus bei seinen Liebesabenteuern begleitete.

»Was ist meine Aufgabe in deinem Dienst?« fragte sie eines Tages den Göttervater.

»Das will ich dir sagen«, antwortete er. »Fang einfach an zu reden, sobald du meine Gattin Hera siehst. Wenn ich dich reden höre, weiß ich, aha, Hera naht, und dann werde ich meine Vorkehrungen treffen.«

Echo hatte also Schmiere zu stehen für den Göttervater. Sie war die Hera-Warnanlage. Aber Hera war nicht dumm.

»Du«, sagte sie zu Echo, »was redest du denn so panisch in die Luft hinein, he? Hast du das Zeug alles selber erfunden, was da aus deinem Mund kommt?«

»Nein«, sagte Echo zitternd, »sicherheitshalber habe ich lange Gedichte auswendig gelernt, damit mir beim Reden der Stoff nicht ausgeht.«

»Aha«, sagte Hera, »sicherheitshalber. Soso. Hast also einen Auftrag. Verstehe. Schau mich an!«

Da gab Echo alles zu. Einer Nymphe kann es nicht gelingen, der Göttermutter ins Angesicht zu lügen.

»So«, sagte Hera, »ich werde dich verfluchen. Ja, das tu ich. Du sollst von nun an nur noch nachplappern, was andere Leute sagen, das ist sicherheitshalber, damit dir der Stoff nicht ausgeht, du verstehst. Und zwar sollst du nur noch die letzte Silbe nachplappern von all dem Zeug, was den Leuten aus dem Mund herauswächst in ihrer Schnabelsucht.«

Arme Echo, sie mußte von nun an den Leuten immer die letzte Silbe nachplappern. Aus diesem Grund hielt sie sich von den Leuten fern und ist in die Berge gezogen. Nur selten kam sie herab.

Aber eines Tages kam sie herab, nämlich um Narkissos am Wasser zu beobachten. Echo hat sich verliebt, und Narkissos hat sie nicht bemerkt. Hat keine Notiz von ihr genommen, hat freundlich gegrüßt, sie hat ihm denselben Gruß erwidert, und dann hat er sich wieder seiner Sache zugewandt.

Das kränkte Echo tief, und sie betete zu Nemesis, das ist die Göttin der Vergeltung, und sagte zu ihr: »Bitte räche diese Zurückweisung. Ich kann's nicht ertragen, ignoriert zu werden.«

Nemesis nickte stumm. Sie wollte nicht, daß Echo ihre Worte wiederholte.

Und wie sah die Rache aus? Nemesis lockte Narkissos zu einem klaren Waldsee. Dort ließ sie das Messer, das Narkissos in der Hand hielt, aus seiner Hand fallen. Er beugte sich nieder, um das Messer aufzuheben, da sah er sein Spiegelbild im See.

Von diesem Augenblick an war er seinem Spiegelbild verfallen, er konnte nicht anders, er mußte sich immer wieder ansehen. Immer wieder mußte er sich ansehen, mußte die Augenbrauen heben, um zu sehen, wie lieblich sie sich hoben, mußte sprechen, um zu sehen, wie lieblich sich sein Mund verzog. Er konnte nicht ablassen von seinem Spiegelbild. Er verdarb an Ort und Stelle und starb.

Aus seinen Gebeinen wuchs eine Blume, die Narzisse.

Was geschah mit Echo? Sie zog sich ganz in die Berge zurück, kam nie wieder ins Tal. Dort machte sie die Bauern verrückt. Wenn ein Bauer des Weges kam und ein Wort sagte, dann plapperte sie seine letzte Silbe nach. Das machte die Bauern so verrückt, daß sie die Nymphe Echo eines Tages erschlugen.

Ihr Blut sank in die Erde, und Gaia nahm es auf und verteilte es über die Berge. Wenn man in die Berge ruft, so antwortet Echo.

Die Geschichte von Io

Io war eine Priesterin der Göttin Hera, und sie war eine loyale Priesterin. Sie war Priesterin geworden aus Sympathie und aus Mitleid für diese Göttin, die ja von ihrem Gatten Zeus so oft, so schändlich betrogen wurde. Sie fand das Verhalten des Zeus abstoßend, und in keinem ihrer Gebete versäumte sie es, Hera ihrer Solidarität zu versichern.

Und ausgerechnet, ausgerechnet auf die Priesterin Io hatte Zeus ein Auge geworfen. Interessant eigentlich! Denn Io kopierte Hera aufs genaueste. Sie war die ins Menschliche verkleinerte Hera. Interessant, daß Zeus an der Kopie mehr Gefallen fand als am Original.

Zeus wußte, es würde bei Io nicht leicht sein. Da mußte Vorarbeit geleistet werden. Er kleidete sich in einen Traum. Er ließ träumen, und Io träumte, und im Traum flüsterte ihr Zeus ins Ohr. Er wolle ihr beiliegen, flüsterte er, er wolle ihr draußen auf dem Feld beiliegen, er wolle ihr im Klee beiliegen. Das sagte er immer wieder und immer wieder. Und er verstand es, seiner Stimme jenes Timbre zu geben, das die Sinne erregt.

Io wachte am Morgen auf, und sie hatte ein furchtbar schlechtes Gewissen. Denn sie sagte sich: »Ich bin ja verantwortlich für meine Träume. Ich bin am Tag eine Priesterin der Hera, und in der Nacht träume ich, daß ich meine Göttin betrüge.«

Und so war es: Am Tag betete sie zu Hera, in der Nacht ließ sie sich von Heras Mann becircen. Sie träumte und träumte.

Sie sprach mit ihrem Vater darüber, sagte: »Was soll ich nur tun? Ich will es nicht, und ich liebe meine Göttin, und ich verabscheue Zeus, weil er sie so oft, so schändlich betrügt, und in der Nacht kommt er zu mir und will mit mir schlafen.«

Der Vater wußte sich auch keinen Rat, und sie gingen gemeinsam nach Delphi.

Das Orakel war ziemlich kurz angebunden und sagte zu dem Vater: »Schicke deine Tochter weg. Ob sie schuldig oder unschuldig ist, das spielt gar keine Rolle, es sind für dich unfaßbare Kräfte im Spiel. Wenn du sie in deinem Reich beläßt, sie wird dein Reich vernichten, ob sie es will oder nicht. Schick sie weg!«

Dem Vater machte das Gewissenskonflikte, aber zuletzt entschied er sich für sein Reich, er schickte seine Tochter fort. Er führte sie an die Grenzen seines Reiches und sagte zu ihr: »Komm nicht mehr nach Hause.«

An der Grenze des Reiches wartete ein Hirte auf sie. Ein freundlicher Hirte.

Der sagte zu ihr: »Ich kann es auch nicht verstehen. Wenn ich der Vater wäre, ich würde dich nicht wegjagen.«

»Was soll ich nur tun?« fragte Io.

»Setz dich«, sagte der Hirte. »Essen wir erst, ich habe etwas Brot und Wein bei mir.«

Er war sehr freundlich zu ihr, gab ihr seinen Rat, blickte sie zärtlich an. Io war angewiesen auf Rat und Zärtlichkeit. Und – ja, dieser Hirte gefiel ihr. Schon lachte sie... Wer war dieser Hirte? Es war Zeus. Zeus kam seinem Ziel immer näher. Io wurde müde.

Der Hirte sagte: »Harter Boden hier, ich weiß. Bist du nicht gewohnt, stimmt's?«

»Bin ich nicht gewohnt, nein«, sagte Io.

Der Hirte zog seine Jacke aus. »Hier leg dich drauf.«

Das tat Io. Aber die Jacke war kurz. Für den Kopf war keine Unterlage.

»Du kannst deinen Kopf in meinen Schoß legen«, sagte der Hirte.

»Kann ich das?« fragte Io.

»Ja, ja«, sagte der Hirte. Zeus kam gut voran.

Da lag nun Io, und der Hirte umarmte sie, und ein Schauer ging durch ihren Körper.

In diesem Augenblick hörte Zeus die donnernden Schritte seiner Gattin, und er wußte, er mußte etwas tun. Es war keine Höhle da, in der er Io hätte verstecken können, die Szene fand auf dem freien Feld statt. Kein Baum war da, nichts. Da verwandelte er Io in eine weiße Kuh.

Hera kam und sagte: »Was tust du hier?«

»Ich?« fragte Zeus. »Ich bin ein Hirte. Mit meiner Kuh bin ich hier. Das tun Hirten, daß sie mit ihrer Kuh irgendwo sind. Was regst du dich so auf?«

Aber Hera durchschaute ihn und sagte: »Ja, diese Kuh gefällt mir, sie ist sehr schön.«

»Es geht«, sagte Zeus.

Hera fragte: »Liebst du mich denn noch?«

Zeus sagte: »Du weißt doch, daß ich nur dich liebe.«

Sie fragte: »Wie sehr liebst du mich denn, Zeus?«

Er sagte: »Ich liebe dich über alle Maßen. Ich würde dir alles geben.«

Er übertrieb, und sie sagte darauf: »Ich will doch nicht alles von dir. Es genügt mir doch schon, wenn du mir diese weiße Kuh schenkst.«

Da wurde es eng für Zeus. Er sagte: »Nein, diese Kuh schenke ich dir nicht. Diese auf gar keinen Fall. Die ist nicht schön genug für dich. Das ist einfach eine Kuh...«

»Aber gerade diese Kuh möchte ich haben«, sagte Hera.

Es blieb ihm nichts anderes übrig, als Hera die Kuh zu schenken.

Arme Io!

Hera nahm die Kuh mit, und sie rief das Ungeheuer Argos herbei. Argos hat hundert Augen – Argosaugen –, diese Augen sind am ganzen Körper verteilt. Nur zwei Augen schlafen jeweils, die anderen sind wach. Argos ist der beste Wächter, den man sich vorstellen kann.

Zu diesem Argos sagte Hera: »Du bewachst mir diese Kuh!«

Sie wußte, eine Kuh ist kein Hindernis für Zeus, der kann sich jederzeit in einen Stier verwandeln, war alles schon da.

Argos setzte sich neben die Kuh und bewachte sie. Aber Zeus hatte so große Lust auf Io, und er wollte noch längst nicht aufgeben.

Er sagte zu seinem Sohn Hermes: »Es ist mir egal, wie du das anstellst, Hermes. Schalte diesen Argos aus!«

Hermes war ein sehr pfiffiger Gott, und er wußte, wann Gewalt angewendet werden mußte und wann List. Er wußte auch, wann man jemanden mit dem Erzählen von Geschichten besiegen kann. Ein durch und durch vorbildhafter Gott!

Hermes gesellte sich zu Argos und fing an, ihm Geschichten zu erzählen. Das gefiel dem augenübersäten Wesen.

Es richtete alle seine Augen auf Hermes und sagte: »Erzähl weiter, man sieht bei deinen Geschichten so schöne Dinge vor sich.«

»Wo siehst du diese schönen Dinge?« fragte Hermes.

»Das ist ja gerade das Eigenartige«, sagte Argos, »ich sehe sie vor meinem inneren Auge.«

»Da hast du recht«, sagte Hermes. »Meine Geschichten kann man vor dem inneren Auge sehen. Aber ich glaube, du kannst meine Geschichten nicht richtig sehen.«

»Warum kann ich deine Geschichten nicht richtig sehen?« fragte Argos.

»Du läßt viel zuviel Licht von außen hinein«, sagte Hermes. »Erst wenn du alle deine Augen, die über deinen ganzen Körper verteilt sind, schließt, erst dann kannst du optimal mit deinem inneren Auge sehen.«

Was muß dieser Hermes für schöne Geschichten erzählt haben! Argos jedenfalls war hingerissen von diesen Geschichten, er wollte mehr von ihnen hören, und er wollte sie optimal vor seinem inneren Auge sehen. Er lehnte sich zurück und schloß die Augen, alle Augen.

Da schlug ihm Hermes den Kopf ab. Seit diesem Tag hat Hermes den Beinamen »der Argostöter«.

Hera war also wieder einmal überlistet worden. Sie nahm die Augen des Argos und setzte sie auf den Schweif des Pfaus. Wenn ein Pfau sein Rad schlägt, sehen wir diese Augen.

Aber auch Hera gab noch nicht auf. Sie befahl eine Bremse zu sich und sagte: »Du bist klein. Laß dich nicht überlisten, und laß diese Io nirgends sich niedersetzen. Stich sie! Denn wenn sie sich irgendwo niedersetzt, wird mein Gatte als Stier nicht weit sein. Laß ihr keine Ruhe, treibe sie über die ganze Welt!«

Diese Bremse ließ sich von den Geschichten des Hermes nicht einlullen. Sie jagte die arme Io, die in der Kuhexistenz gefangen war, durch die ganze Welt. Vorbei an der Adria trieb sie die Kuh, ein Teil der Adria wurde nach ihr benannt, noch heute heißt es das Ionische Meer. Von Europa nach Asien wurde sie gejagt von der Bremse, sie überschritt die Furt von Europa nach Asien, noch heute heißt diese Furt Bosporus, nach der in eine Kuh verwandelten Io so benannt.

Sie kam zum Kaukasus, wo Prometheus an den Fels genagelt war. Aischylos berichtet uns von dieser Begegnung in seiner Tragödie »Der gefesselte Prometheus«.

Schließlich kam sie zu Tode erschöpft in Ägypten an.

Dort hatte Zeus dann ein Nachsehen mit ihr, er sagte: »Weißt du, es ist nicht nur meine Lust, daß ich hinter euch her bin, es ist mein Schöpfungsauftrag. Auf die Lust werde ich nun verzichten, du hast genug gelitten, aber ich kann nicht auf den Schöpfungsauftrag verzichten. Ich werde mich also nicht geschlechtlich mit dir vereinigen, ich werde dir einen Sohn zeugen, indem ich mit dem Finger dein Fell berühre. Ein Gott wie ich kann das.«

Das tat er, und Io war schwanger von Zeus, ohne daß er sich geschlechtlich mit ihr vereinigt hatte. Da war dann Hera zufrieden, und sie verwandelte Io zurück in eine Frau.

Die Geschichte von Kephalos und Prokris

Es war einmal ein Liebespaar, er hieß Kephalos, und sie hieß Prokris. Bevor sie heirateten, schworen sie sich, sie würden sich nie im Leben betrügen. Dann setzten sie den Termin für die Hochzeit fest.

Dieser Kephalos war ein leidenschaftlicher Jäger, und er streifte ganz früh am Morgen durch die Felder. Dort sah ihn Eos, die Morgenröte. Aphrodite hatte ihr eine wilde Gier nach jungen Sterblichen ins Herz geflucht.

Eos verliebte sich in Kephalos, aber Kephalos sagte zu ihr: »Du bist wunderbar, und ich würde mich auch sofort in dich verlieben, hätte ich nicht diesen Schwur meiner Prokris schon gegeben, daß ich sie niemals betrügen will.«

Eos sagte: »Das ist sehr schön, aber ich glaube nicht, daß deine Prokris ebenso treu ist wie du.«

Kephalos sagte: »Was erzählst du mir? Natürlich ist sie treu, ich lege meine Hand ins Feuer für sie.«

Dann sagte Eos: »Du brauchst nicht deine Hand ins Feuer zu legen, du brauchst sie nur zu testen. Führe sie in Versuchung!«

Kephalos ließ sich überreden, das ist nicht sehr schön, aber er ließ sich überreden. Eos veränderte sein Aussehen, er zog sich andere Kleider an und ging an den Hof, wo Prokris lebte. Er kam als ein Fremder.

Er kam an und sagte: »Bist du Prokris?«

»Ja«, sagte sie. »Mein Name ist Prokris.«

»Ich soll dich schön grüßen von deinem Gatten Kephalos«, sagte der Fremde. »Er ist für ein paar Tage verreist, aber er wird bald wiederkommen, und er freut sich schon auf dich.«

Prokris nahm das gelassen an, sagte ja und lud den Fremden ein zu bleiben. Die Gastfreundschaft gebot ihr das.

Nun machte sich Kephalos, verkleidet als ein Fremder, an Prokris heran. Er sagte ihr, wie schön er sie finde: »Wenn ich dein Mann wäre, ich würde dich nicht allein lassen, nicht einen Tag, nicht eine Stunde.«

»Ach«, sagte Prokris, »ich vertraue ihm.«

»Ja«, sagte er, »aber kann er auch dir vertrauen?«

Prokris fühlte sich hingezogen zu diesem Fremden, es war ja ihr Kephalos, es war ja Kephalos' Art, die ihr so wohltat, ohne daß sie es wußte. Sie fühlte es: Von diesem Mann droht meinem Treueschwur Gefahr.

Dieser Kephalos, verkleidet als ein Fremder, umwarb sie und umgarnte sie. Er sagte zu ihr, sein größter Wunsch im Leben sei, mit ihr zu schlafen. Sie hörte das nicht ungern. Sie hörte es gern.

Nach langem, langem, langem Drängen gab Prokris nach, und sie ging mit diesem Fremden ins Bett.

»Nur mein Kephalos hat mich bisher so geliebt«, sagte sie.

Da gab sich Kephalos zu erkennen, er sagte: »Ja. Ich bin es ja auch. Du hast mich mit mir betrogen.«

Prokris war entsetzt über die Hinterlist ihres Liebsten. Sie lief weg und rief zurück: »Ich möchte von dir nichts mehr wissen. Du hast mich in eine entsetzliche Situation gebracht! Ich sehe dich nie wieder!«

Sie ging hinaus in die Welt und kam auch nach Kreta. Ihr Zorn auf Kephalos war immer noch heiß.

In Kreta lebte Minos. Minos war einer der berüchtigtsten Frauenhelden seiner Zeit, und Prokris sagte sich: »Ich werde mich rächen an Kephalos, indem ich mit diesem Minos ins Bett gehe.«

Sie schlief mit ihm, und Minos, so frauengierig er auch war, war ein zärtlicher Liebhaber, der auch zuhören konnte. Prokris erzählte ihm die ganze Geschichte.

Er sagte: »Es bleibt dir gar nichts anderes übrig, du mußt Gleiches mit Gleichem vergelten, und wir werden dem Ganzen noch ein wenig Pfeffer geben.«

Er stattete Prokris als einen Knaben aus, er verkleidete sie und machte einen jungen, hübschen Mann aus ihr.

Er sagte: »Du wirst sehen, wir werden jetzt deinen Kephalos testen.«

Sie zog los, kehrte zurück an den Hof, wo Kephalos war, der immer noch seiner Prokris nachtrauerte.

Sie trat vor ihn hin und sagte: »Ich muß dir eine Nachricht von deiner Prokris überbringen: Sie wird nie mehr zu dir zurückgehen. Zuerst wollte sie, dann wollte sie nicht mehr. Schlag sie dir aus dem Sinn!«

Kephalos weinte, aber es ging so eine seltsame Anziehungskraft von diesem jungen Mann aus, ist ja klar, es war ja Prokris. Dieser junge Mann warf ihm lüsterne Blicke zu, und Kephalos verliebte sich in ihn. Schließlich bat er den Gastfreund offen, ihn in seinem Schlafgemach besuchen zu dürfen.

Prokris, verkleidet als Knabe, erlaubte es.

Dort gab sie sich ihm zu erkennen und sagte: »Du hättest ebenfalls deinen Eid gebrochen.«

Da blieb ihnen nichts anderes übrig, als sich zu versöhnen. Und es wurde eine gute Sache zwischen ihnen, denn sie wußte Geheimes von ihm, und er wußte Geheimes von ihr.

Das sah Eos, die Morgenröte, nicht gerne, weil sie die beiden gerne auseinandergebracht hätte, um den Kephalos für sich ganz allein zu haben. Noch einmal wandte sie eine List an. Wie gesagt, Kephalos war ein leidenschaftlicher Jäger, und er jagte manchmal die ganze Nacht und war schweißgebadet am Morgen. Eines Morgens stellte er sich auf einen Hügel.

Und wie er so schweißgebadet dastand, rief er: »Aura komm, Aura komm!«

Er meinte damit den Wind, der kommen sollte, um ihn abzukühlen. Ein Knecht hörte das und erzählte es der Prokris.

Er sagte: »Dein Mann steht draußen auf dem Hügel und ruft irgendeiner Aura, die zu ihm kommen soll.«

Prokris dachte sich: »Er betrügt mich schon wieder, wir haben uns doch gegenseitig vergeben und uns endgültig Treue geschworen.«

Sie schlich sich in der darauffolgenden Nacht hinaus, weil sie selbst sehen wollte, wie Kephalos dieser Aura rief.

Als sie hinter ihm im Gebüsch war, knackte ein Zweig, und Kephalos meinte, es sei ein Eber, und er drehte sich um, warf seinen Speer, und der durchbohrte die arme Prokris.

Bevor sie starb, sagte sie: »Bitte, bitte, mein Kephalos, betrüge mich nicht mit dieser Aura.«

Er sagte: »Was redest du da, meine Prokris? Ich habe den Wind gerufen, daß er mich abkühlt.«

Da merkte er, daß er dem Fluch der Eos erlegen war und daß er seine Prokris verloren hatte, diesmal endgültig.

Die Argonauten

Von Pelias, genannt der Bittere – Von einer heiteren Schulklasse – Von einer verlorenen Sandale – Vom goldenen Vlies – Von der Koalition zwischen zwei Göttinnen – Von Medea – Von der Koalition zwischen drei Göttinnen

Die Argonauten waren eine Gruppe von Helden, und sie waren bekannt im ganzen damaligen Erdkreis. Jede Region, die auch nur einen Heroen hervorbrachte, behauptete später, er habe zu den Argonauten gehört, oder er habe zumindest einen Ahnen gehabt, der bei ihrem großen Abenteuer dabeigewesen sei. Die Argonauten sind die antiken Urhelden, sie verkörpern das Urbild der Helden in Griechenland. Wenn man ihre Geschichte etwas genauer betrachtet, und das wollen wir ja, dann erlebt man manche Überraschung.

Überliefert hat uns dieses Abenteuer Apollonius von Rhodos, er lebte fünfhundert Jahre nach Homer und hat sich selbstverständlich an seinem großen Vorbild Homer orientiert. Er nannte sein Buch »Argonautika«. Es lohnt sich durchaus, sein Epos zu lesen, man ist allerdings gut beraten, wenn man das Hauptaugenmerk auf das Nebenbei lenkt, auf die scheinbar kleinen Nebengeschichten und Nebenbemerkungen. Der Hauptstrang der Geschichte atmet den etwas muffig-schweißigen Superlativ der bedingungslosen Heldenverehrung. Homer wirkt dagegen frisch ausgelüftet. In den Nebengeschichten der »Argonautika« relativiert sich jedoch das Heldentum auf eigentümliche Weise. Was auch immer die Gründe dafür sein mögen, uns interessieren die gebrochenen, angepatzten Helden mehr als die hochpolierten, die dastehen wie glänzende Marmorstatuen.

Zur Vorgeschichte: Es war einmal ein Mann, ein sehr bitterer Mann, der hieß Pelias. Seine Bitterkeit rührte daher, daß ihn seine Mutter als Säugling zusammen mit seinem Zwillingsbruder ausgesetzt hatte. Aber diese Mutter tat das nicht freiwillig, sie wurde von ihrer Mutter, also von der Großmutter des Pelias, dazu gezwungen.

Als Pelias ein junger Mann war, tötete er die Großmutter.

»Ich nehme dir das Leben«, sagte er, bevor er zuschlug, »weil du mir meines genommen hast, noch bevor es richtig begann.«

Die Großmutter hatte sich in einem Tempel der Hera vor ihrem Enkel versteckt.

»Laß mich leben«, bat sie, »laß mich wenigstens so lange leben, bis ich die Mauern des Tempels verlassen habe. Laß mich noch einen Blick auf die Felder und die Bäume und die Wolken werfen.«

Pelias gewährte die Bitte nicht. Über dem Altar der Hera enthauptete er seine Großmutter.

Das löste großen Zorn bei Hera aus. Das wollte sie sich nicht gefallen lassen, daß in ihrem Heiligtum eine solche Untat geschah. Wir wissen, Hera ist in ihrem Zorn sehr groß, und in ihrer Rache ist sie sehr tüchtig. Pelias hatte sich eine mächtige Feindin gemacht.

Aber das kümmerte ihn nicht, er wischte sein Schwert ab und machte sich auf den Weg. So gelangte er in die Stadt Iolkos.

Hier herrschte sein Halbbruder Aison. Aison war das rechte Gegenteil von Pelias, er war ein schwacher, ein zerstreuter Mann, der zwar nicht auf Anhieb wußte, was Gerechtigkeit bedeutete, der sich aber stets um sie bemühte. Es fiel Pelias nicht schwer, ihm in einem Handstreich die Macht aus der Hand zu reißen und sich auf den Thron von Iolkos zu setzen.

Zu ebendieser Zeit kam Aisons Frau nieder und brachte einen Knaben zur Welt. Sie war nicht so zerstreut und weltfremd wie ihr Mann, und sie sagte sich: »Es wird so sein, daß der neue, bittere König meinem Knaben ein Leid zufügen will.«

Und darum behauptete sie öffentlich, es sei eine Totgeburt gewesen. Sie ließ ein Begräbnis organisieren, weinte laut und begrub einen Stein. Heimlich gab sie das Kind in Pflege zu Chiron, dem Kentaur.

Wir kennen Chiron, den bedeutenden Pädagogen. Viele Helden sind bei ihm in die Schule gegangen, er hat versucht, ihnen Weisheit, Güte und Freundlichkeit einzutrichtern. Chiron bemühte sich, und sehr bald erkannte er den Charakter dieses Knaben. Er nannte ihn Jason.

Der Charakter des Jason scheint auf den ersten Blick nur aus Negativem zu bestehen. Er war zum Beispiel der Wahrheit nicht sonderlich zugetan, er log oft, man sollte besser sagen, er schummelte. Jason war nicht sehr mutig, er war sogar feig, keine Spur von Zivilcourage. Aber dann war er wieder tollkühn, fuhr dazwischen, weil es ihm eben an Verstand mangelte und er nicht sehr weit in die Zukunft zu blicken vermochte. Vor allem war er ein Großmaul, im Grunde war er ein Angeber, er war verschwenderisch, und er führte gern das große Wort in der

Klasse bei seinen Freunden, ein lautes, hohles Wort meistens.

Aber, und das sah Chiron sehr deutlich, zu all diesen negativen Eigenschaften des Jason kam eine einzige positive Eigenschaft hinzu. Aber diese Eigenschaft überwog alle negativen: Jason hatte Charme.

Wir wissen es, daran hat sich bis heute nichts geändert, wenn ein Mensch Charme hat, dann vergeben wir ihm alles, dann kann er ein Großmaul sein, dann kann er ein Lügner sein, dann kann er uns weh tun, und immer werden diese negativen Eigenschaften, diese bösen Seiten an ihm überstrahlt von jenem Lebenslicht, das wir Charme nennen, von dem wir gar nicht wissen, was es eigentlich ist. Kein Mensch kann uns sagen, was Charme ist.

Dieser Jason also hatte Charme, er war beliebt in der Klasse. Es war eine ganz besondere Klasse, die Chiron unterrichtete, es saßen nämlich in der Schulbank einige zukünftige Helden von krassem Kaliber. Da war zum Beispiel Peleus, der zukünftige Vater des Achill, da saß Telamon, ein starker, großer Mann, schon als Kind mit Muskeln wie pralle Wasserschläuche ausgestattet, er wird der Vater des Aias werden. Da saßen Kastor und Polydeukes, die Brüder der schönen Helena. Auch Orpheus soll ab und zu aufgetaucht sein in dieser Klasse. Laertes, der zukünftige Vater des Odysseus, kam dazu.

Diese Klasse hielt zusammen. Es war eine schwierige Klasse, sie machte dem Chiron nicht nur Freude, es waren Rabauken dabei, die lieber am Strand saßen und brüllten, als daß sie studierten. Chiron sah schon, mit diesen Buben wird, was die Weisheit betrifft, kein großer Staat zu machen sein. Aber er hatte sie gerne, denn sie hatten das Herz, wie es heißt, am rechten Fleck. So argumentierte er Freunden gegenüber. Die Wahrheit hieß: Der Charme des Jason hatte auf die ganze Klasse abgefärbt.

Jason war nicht der Klügste, er war auch nicht der Stärkste. Er war in allem unterer Durchschnitt. Aber – er hatte Charme. Chiron, dieser vorzügliche Menschenkenner, nannte ihn Jason, das heißt »der Heiler«.

»Ja«, argumentierte er gegenüber besorgten Freunden, »dieser junge Mann ist ein Heiler. Denn es kann einer sein, wie er will, wenn er Charme hat, dann heilt er viele Wunden, ohne daß er es weiß.«

Mit durchaus gemischten Gefühlen sah Chiron zu, wenn sich seine Schüler unten am Meer trafen und ihren Träumen nachhingen. Einen Traum hatten sie alle gemeinsam: Sie wollten große, berühmte Seeleute werden, die schreckliche Abenteuer erlebten, die viele Frauen hatten, die tätowierte Arme hatten und die viel Rum trinken konnten. Das war ihr Traum.

So wuchs Jason auf. Er war zufrieden. Er war überzeugt, daß ihn jeder liebte. »Einen Feind? Nein, einen Feind habe ich nicht«, hätte er sicher gesagt.

Aber er hatte einen Feind, einen mächtigen, bitteren Feind.

Pelias, der der Bittere genannt wurde, König von Iolkos, ließ sich eines Tages ein Orakel erstellen.

Dieses Orakel besagte: »Pelias, du wirst deine Macht in eisernen Händen halten. Niemand wird dir diese Macht nehmen können. Aber dann wird ein junger Mann kommen. Er wird nur eine Sandale an seinen Füßen haben, daran wirst du ihn erkennen. Dieser junge Mann wird dir die Macht und auch das Leben nehmen.«

Nun, Pelias hörte sich dieses Orakel an, aber er war viel zu bitter, um an Orakel zu glauben. Bitterkeit ist wie Säure, und sie zersetzt mit der Zeit jeden Glauben.

Er sagte: »Ja, ja, ja, wir werden sehen.«

Die Jahre vergingen, und er vergaß den Spruch.

Aber dann eines Tages blickte er durch ein Fenster seines Palastes und sah draußen im Hof einen jungen Mann stehen. Und dieser junge Mann hatte nur eine Sandale am Fuß. Da fiel ihm der Spruch wieder ein.

Dieser junge Mann war Jason.

Was war geschehen? Jason wurde, als er die Schule mit Ach und Krach absolviert hatte, von Chiron in die Welt hinausgeschickt.

Chiron sagte ihm: »Sei nicht so großmaulig draußen in der Welt, halte dich ein wenig zurück, und sei freundlich.«

Aber er wußte, dieser Rat wäre gar nicht notwendig gewesen, denn Jason wird auf alle Fälle und immer großmaulig sein, und freundlich ist er ohnehin.

Auf seiner Reise in die Welt hinaus kam Jason an einen Fluß, und an diesem Fluß wartete ein altes Weib. Wenn alte Weiber auftauchen, die irgendwo stehen und schauen, dann handelt es sich meistens um die Göttermutter Hera. Das kann man als Faustregel nehmen.

Auch in diesem Fall war es Hera, sie stand am Fluß und jammerte: »Wer trägt mich über den Fluß? Ich bin alt, ich kann nicht gehen.«

Die Passanten sagten: »Ja, wenn du zu alt bist und nicht gehen kannst, dann bleibe doch, wo du bist.«

Aber Jason sagte: »Ach was, ist doch eine Kleinigkeit. Dich setze ich auf eine meiner Schultern, dich trage ich über diesen Fluß.«

Ein Großsprecher, er hatte das Gewicht dieser alten Frau unterschätzt, es war ja immerhin die Göttermutter Hera. Er mühte sich ab, die Leute am Ufer lachten ihn aus. Aber schließlich gelang es ihm, sie doch auf die andere Seite zu bringen.

Da sah er, daß er eine Sandale im Fluß verloren hatte.

»Jetzt habe ich glatt meine Sandale verloren«, lachte er.

Das Ganze war ein Test der Göttermutter Hera, sie wollte sehen, ob dieser Jason der Geeignete wäre für ihre Rache. Ihn hatte sie sich ausgesucht, er sollte den Pelias dafür bestrafen, daß er seine eigene Großmutter in ihrem Tempel enthauptet hatte. Ich sagte ja schon, was Rache betrifft, da ist Hera ziemlich gut.

Allerdings ist sie nicht so gut, was die Auswahl von Helden betrifft, da gibt es eine Bessere im Götterhimmel, nämlich Pallas Athene. Die kann mit Helden umgehen. Hera hat da nicht allzuviel Erfahrung. Eine Göttin der Strategie ist sie gewiß nicht.

Wie auch immer, nun stand Jason mit nur einer Sandale im Hof vom Palast zu Iolkos, und König Pelias sah auf ihn herab. Normalerweise hätte Pelias kurzen Prozeß gemacht, er hätte einfach diesem jungen Mann den Kopf abhacken lassen und dann gefragt: Was wollte er eigentlich? Aber es war ausgerechnet der Festtag des Poseidon, und Pelias wollte nicht Fluch auf sich laden durch eine solche Untat an einem Feiertag.

Er ließ Jason in den Palast führen und redete mit ihm belangloses Zeug, um ihn auszuhorchen. Bald mußte er sich sagen: »Na ja gut, also wenn das derjenige ist, von dem das Orakel gesprochen hat, da brauche ich mich nicht sehr zu fürchten.« Er mußte kichern. Es schien ihm ein arger Einfaltspinsel zu sein, dieser junge Mann mit der einen Sandale. Er durchschaute seine Großmauligkeit.

Jason erzählte von Abenteuern, und Pelias hörte ihm zu.

Und dann sagte Jason: »Hör zu, ich bin Jason. Ich bin aus dieser Stadt, und es ist mir gesagt worden, ich soll den Thron hier erben.«

So frech und offen war er.

Und Pelias, der kaum das Lachen unterdrücken konnte, sagte: »Ja! Gut daß du kommst! Ich habe eh schon auf dich gewartet!«

»Wirklich?«

»Ja, freilich! Es wurde mir langsam schon zuviel, diesen Thron hier zu verwalten!«

Jason tapste auf diesen Scherz wie auf eine Bananenschale, merkte gar nicht, daß er ausrutschte.

»Ich will dir diesen Thron selbstverständlich überlassen«, höhnte Pelias weiter, »aber da gibt es eben ein so dummes Orakel, und das besagt, derjenige, der mein Nachfolger wird, der muß erst das goldene Vlies holen.«

Jason sagte: »Aha! Ja, dann hole ich halt das goldene Vlies.«

Jemanden nach dem goldenen Vlies schicken war, wie wenn man heute zu jemandem sagt: »Geh dorthin, wo der Pfeffer wächst!« Es war eine Verwünschung.

Pelias hätte nie geglaubt, daß Jason das wörtlich nehmen würde. Aber Jason hat es wörtlich genommen.

Er hat gesagt: »Gut! Sage mir, wo ungefähr ist dieses goldene Vlies.«

»Bist du sicher, daß du nur deine Sandale verloren hast?« fragte Pelias.

»Bin sicher«, sagte Jason. »Warum?«

»Ich meine nur«, sagte Pelias, womit er meinte, Jason müsse obendrein seinen Verstand verloren haben. »Ja also«, sagte er, »das goldene Vlies... Das ist ganz weit weg, irgendwo am Ufer des Schwarzen Meeres. Da gibt es ein sagenhaftes Land, Kolchis, immer Nebel, und dort hängt das goldene Vlies in einem Hain des Ares.«

»Aha«, sagte Jason und machte sich schon auf den Weg.

Das war dem Jason nämlich sehr recht. Denn lieber, als König irgendwo in einer ruhigen Stadt zu sein, wollte er Abenteuer erleben. Das war der Augenblick, eine echte Gelegenheit.

Er suchte seine alten Freunde auf und sagte: »Hört! Jetzt endlich ist es soweit! Wir werden die großen Abenteuer erleben, von denen wir immer geträumt haben. Ich soll das goldene Vlies holen.«

Die Klügeren unter seinen Schulfreunden sagten: »Das goldene Vlies? Naja, dann geh du mal allein und hol es.«

Aber die meisten waren dieselben Raufbolde und Traumtänzer wie Jason.

Sie sagten: »Wir sind dabei, selbstverständlich. Jason ist unser Freund, da machen wir mit.«

Mag einer vielleicht denken, ich baue die Geschichte der Argonauten willkürlich etwas um, um diesen Helden ihre Heldenhaftigkeit streitig zu machen. Es ist nicht ganz so, vielleicht ein wenig, aber es ist nicht ganz so.

Verschaffen wir uns einen Überblick:

Hera sah hinunter auf ihren Jason und sagte sich: »Was soll ich mit ihm anfangen? Ich kann ihn nicht brauchen. Wie soll er meine Rache üben, wenn er sich dauernd von seinen Angebereien ablenken läßt, dieser Dummkopf! Er fährt jetzt nach Kolchis und will da das sagenhafte goldene Vlies holen, statt daß er direkte Rache nimmt an Pelias und ihm ein Scheit in den Bauch jagt.«

Hera wandte sich an Pallas Athene und sagte: »Was meinst du?«

»Ich meine, du hast recht«, sagte Athene.

»Ich habe hier irgend etwas falsch eingefädelt«, sagte Hera. »Ich wünsche mir, daß dieser Jason dort unten meinen Feind Pelias fällt, aber er läßt sich von ihm eine Fahrt zum goldenen Vlies einreden zusammen mit seinen Freunden. Mir entgleitet diese Sache, kannst du mir nicht helfen?«

Pallas Athene sah sich die Sache an, sie ist ja eine militärische Gottheit, und sagte: »Nun gut, ich will es versuchen. Ich kann sie jetzt nicht mehr von ihrer Fahrt abbringen, aber ich kann schauen, daß diese Fahrt sehr heldenhaft wird und daß sie auf dieser Fahrt immerhin einige Erfahrungen sammeln, die ihnen bei der Vernichtung des Pelias von Nutzen sein werden.«

Nun sind also gleich zwei Göttinnen da, die diesen Burschen helfen. Soweit die Tatsachen. Also, ich will ja wirklich nicht die Heldenhaftigkeit des Jason und seiner Freunde schmälern. Aber so etwas kam bisher noch nie vor, bisher hat es immer eine Gottheit allein geschafft, weil die Helden selbst ja auch etwas dazu beigetragen haben.

Diese Helden brachten offensichtlich selbst nicht allzuviel mit, zum Beispiel dieser Argos, der nun anfing, Bretter zusammenzunageln für ein Schiff, das gleich die ersten drei Male hintereinander absoff, als er es zu Wasser ließ. Nannte sich Schiffbauer! Er setzte durch, daß das Schiff nach ihm hieß – nämlich »Argo«.

Die ganze Sache mußte dann Pallas Athene in die Hand nehmen. Sie baute ein wunderbares Schiff und nicht nur das: Den Kielmast verfertigte sie aus dem Holz einer heiligen Eiche, einer Eiche, die ihrem Vater Zeus gehörte. Dieser Kielbalken führte die Argo, also die Argonauten, wie sie sich nannten. Sie hatten noch nicht einmal einen Fuß auf das Schiff gesetzt und mußten nicht einmal navigieren können, das übernahm dieser Kielbalken. Die Argo fuhr mit Automatik!

Der Kielbalken konnte übrigens auch sprechen. Er tat es aber erst später, weil die Saufgelage, die auf dem Schiff stattfanden, diesem Kielbalken wahrscheinlich die Sprache nahmen.

Als die Argonauten nun ein Schiff hatten und die Realität ihres Abenteuers vor ihnen stand, ließen sie diese Realität nicht zu groß werden. Realität – was soll das! Ihre Träume waren es, ihre Träume, von ihnen ließen sie sich führen. Aus ihren Träumen zogen sie ihre ganze Kraft und nicht aus der Realität.

Noch ehe sie losfuhren, gab es einen Streit am Ufer. Der ging nicht darum, wer den besseren Platz auf der Argo haben sollte, sondern dieser Streit ging darum, wer den schöneren Traum von ihren Abenteuern träumte. Dieser Streit, der bald in eine Schlägerei ausartete, konnte nur durch Träumerei geschlichtet werden. Durch eine musikalische Träumerei diesmal. Orpheus spielte auf der Leier, aber die war zu leise für die Krakeelerei, da hörten die Bolde nicht zu. Deshalb nahm er eine Muschel, ein Tritonshorn, und blies hinein, da lauschten sie. Die Melodie, die er ihnen vorspielte, war voll von Träumen ihrer Zukunft, und da wurden sie ruhig.

Seemannsgarn ist lang, und an diesem langen Garn lassen sich alle möglichen Geschichten aufhängen. Was wirklich während der Reise auf der Argo geschah, das wissen wir nur aus den Erzählungen der Argonauten, als sie wieder glücklich zu Hause waren. – Ich bitte um ein barmherziges, aber entschiedenes Fragezeichen!

Da war zum Beispiel die sagenhafte Insel Lemnos, wo Frauen allein ohne Männer lebten. Ihre Männer hatten sie nämlich verlassen, weil die Frauen eines Tages zu stinken begannen. Klar, daß die Argonauten diese Insel anliefen!

Sie mußten sich entscheiden: Sollten sie ihren geschlechtlichen Trieb weiter unterdrücken, oder sollten sie sich die Nase zuhalten. Sie haben sich entschieden, die Nase zuzuhalten. Soweit das Abenteuer bei den stinkenden Frauen von Lemnos.

Oder dieser sagenhafte Ruderwettbewerb – da war Herakles vorübergehend bei den Argonauten. Jason überlistete die anderen. Er tat, als ob er rudere, aber sie wußten es alle, und sie liebten ja den großmauligen Jason. Keiner der Argonauten verübelte es ihm außer Herakles. Der war nur vorübergehend bei den Argonauten, und er sah, mit diesem Haufen kann man keine großen Taten erleben, die dann in die Geschichte des Heldentums eingehen könnten. Er verließ die Argonauten wieder.

Herakles hat nicht damit gerechnet, daß sich viele, viele hundert Jahre später ein Apollonius von Rhodos über seine Schreibtafel beugen und versuchen wird, das Beste aus diesem Argonautenzug herauszuholen.

Ich finde, das Beste dieser Argonauten, das sind ihre Träume. In diesen Träumen waren sie wirklich groß, da erlebten sie ungeheure Abenteuer. Zum Beispiel umsegelten sie in diesen Träumen ganz Europa. Wir heute wissen, daß man Europa nicht gut umsegeln kann, weil Europa doch an einer sehr breiten Seite an Asien angeschmiedet ist, aber das war kein Hindernis für die Argonauten, sie segelten die Donau hinauf und segelten den Rhein hinauf, sie kamen bis ins Baltikum, bis Skandinavien, überall auf der Welt waren sie – in ihren Träumen.

Solange sie auf diesem Schiff Argo waren, das ja von einem intelligenten Kielbalken gezogen wurde, wachten zwei Göttinnen über ihnen, Hera und Athene, so lange geschah ihnen nichts. Aber dann erreichten sie das Land, wo der Pfeffer wächst, dann erreichten sie Kolchis.

Das war ein düsteres Land. In Kolchis herrschte der König Aietes. Als die Argonauten an Land gingen, sahen sie auf den Zäunen, die die Wege säumten, die Köpfe der Feinde dieses Königs. Dem einen oder anderen der Argonauten wird nun ganz mulmig geworden sein, der wird sich gedacht haben: Wäre ich nur nicht hierher gekommen!

Die Musik ihrer Träume wurde schräg und bedrohlich. Es wird so mancher unter den Argonauten gewesen sein, der im Lauf dieser Fahrt vergessen hatte, was eigentlich der Zweck dieser Reise war – nämlich das goldene Vlies. Hier in Kolchis, wo der Himmel voll düsterer Wolken hing, hier sollte es einen Hain des Gottes Ares geben, wo das goldene Vlies hing.

Vom Himmel herab schauten Hera und Athene zu, und sie sagten: »Nein, in diesem gefährlichen Land, wo dieser gefährliche König herrscht, da sind sogar wir beide zu schwach, um unsere Lieblinge zu schützen. Was sollen wir tun, daß dieser König Aietes die nicht wegputzt?«

Sie gingen um Rat zu Aphrodite.

Wer da glaubt, Aphrodite sei lediglich eine liebliche, zärtliche Göttin, der irrt. Aphrodite ist eine mächtige und eine strenge Gottheit. Sie ist nicht nur die Göttin der Liebe, sie ist auch die Göttin der Lust, und die Lust ist mächtig und streng.

Es kommt ganz selten vor, daß sich diese drei Göttinnen einig sind – Hera, Aphrodite und Athene –, aber in diesem Fall waren sie sich einig. Es ging darum, einem liebenswürdigen Haufen von Raufbolden zu helfen, ein Stück goldenes Fell zu erobern. Ein wenig später, als es um einen goldenen Apfel geht, da war diese Einigkeit wieder dahin.

Aber nun waren sie einig, und Athene und Hera sagten zu Aphrodite: »Schau dir die Szene an. Was soll hier geschehen? Wie können wir Jason und seine Freunde retten?«

Aphrodite studierte die Situation und sagte: »Dieser König Aietes hat eine Tochter. Stolz ist sie, groß ist sie, stark ist sie, und klug ist sie. Wir müssen schauen, daß wir diese Tochter auf die Seite der Argonauten kriegen.«

Sie meinte Medea. Medea war eine Zauberin. Sie war klug und stark und groß und stolz.

»Ja, um Gottes Willen, wie soll das gehen!« rief Hera.

»Ganz einfach«, sagte Aphrodite, »wir müssen sie verliebt machen in Jason.«

»In Jason«, rief Athene, »in diesen schwächlichen, wenngleich charmanten Aufschneider? Niemals wird Medea diesen Mann lieben!«

»Das werde ich schon einrichten«, sagte Aphrodite und holte Pfeil und Bogen.

Als es dann soweit war, als sich Jason und Medea gegenüberstanden, zielte sie auf das Herz der Medea und schoß ihren goldenen Pfeil ab. Der durchbohrte das Herz der jungen Frau und drang so tief ein, daß nur noch die Federn herausschauten.

Medea liebte Jason. Es war eine zehrende Liebe, die Vernichtung und Selbstvernichtung in Kauf nahm. Da war es aus mit dem johlenden Traum der Argonauten.

Jason und Medea

Von König Aietes und einem ungleichen Kampf – Von der Flucht der Argo aus Kolchis – Von einem Brudermord – Von einer erpreßten Hochzeit – Vom Tod des Pelias – Vom Verschwinden Medeas – Von Jasons Tod

Als die Argonauten in Kolchis landeten, machte Jason folgenden Vorschlag: »Wir gehen zu dem König Aietes und sagen ihm ganz offen, was wir wollen. Wir bringen ihm Geschenke mit, machen ihm ein Angebot und sagen: Wir wollen dein goldenes Vlies, und das wollen wir in Ruhe aushandeln, wir wollen keinen Krieg.«

So machen das vernünftige Leute. Jason tritt vor Aietes hin, er vertraut auf seinen Charme. Er setzt sein freundlichstes Gesicht auf und beginnt zu erzählen. Er erzählt von Chiron, seinem Lehrer, erzählt von der legendären Schulklasse, erzählt von seiner ersten Reise, von der alten Frau, die er über den Fluß getragen hat, erzählt von seiner Sandale, die im Schlamm steckengeblieben ist.

»Was willst du?« unterbricht ihn Aietes.

Auch Jasons Charme hat das Gesicht dieses Mannes nicht aufzuhellen vermocht.

»Ich will das goldene Vlies«, sagt Jason mit treuherzigem Blick.

»Verschwindet hier«, fährt ihn Aietes an, »und wenn ihr euch nicht beeilt, schneiden wir euch die Ohren ab und die Nasen und die Hände.«

Jason ist fassungslos, seine Begleiter sind fassungslos, und die eiskalte Angst überfällt sie. Sie sehen es im Gesicht des Aietes: Dieser Mann meint es ernst. Und mancher von den Argonauten denkt bei sich: Solche Figuren haben wir uns vielleicht vorher ausgedacht in unseren Träumen, und wir haben in unserer Phantasie gegen sie gekämpft, wir waren Sieger in unserer Phantasie, aber das hier ist ja die Wirklichkeit. Gegen diesen Mann hier werden wir unterliegen.

König Aietes erhebt sich, will schon Zeichen geben, damit die Wachen die frechen Burschen ergreifen, da betritt Medea den Raum.

In diesem Augenblick schießt Aphrodite ihren Pfeil ab, und der goldene Pfeil der Liebe, der Pfeil der zehrenden, rasenden Lust trifft Medea mitten ins Herz.

Medea sagt: »Halt, mein Vater, laß mich erst einen Vorschlag machen.«

Medeas Herz brennt, aber sie ist klug, so klug ist sie, daß sie weiß, wenn sie jetzt ihre Verliebtheit zeigt, dann wird sie die Sache des Jason ruinieren.

Sie hält also ihre Gefühle zurück.

Sie sagt: »Vater, ich mache einen Vorschlag: Wir haben doch im Stall zwei so grauenhafte Stiere, feuerspeiende Stiere, und wir haben doch noch einen ganzen Sack mit Schlangenzähnen, die, wenn sie ausgesät werden, zu eisernen Männern werden. Gib doch diesem jungen Mann eine Chance! Er soll die beiden feuerspeienden Stiere vor einen Pflug spannen, soll damit den Acker brechen, soll die Schlangenzähne aussäen und soll gegen die aufkeimenden Eisenmänner kämpfen. Wenn es ihm gelingt, dann wollen wir ihm das goldene Vlies überlassen.«

Dieser Vorschlag gefällt Aietes, denn er denkt sich, seine Tochter will sich einen grausamen Spaß machen. Sie weiß natürlich genau, daß niemand gegen diese feuerspeienden Stiere und niemand gegen die eisernen Männer ankann. Er stimmt zu.

Jason sagt: »Ich möchte unter diesen Umständen auf das goldene Vlies verzichten. Danke. Auf Wiedersehen.«

Er will sich davonmachen. Er hat Angst, er weiß, er wird dieser Aufgabe nie und nimmer gewachsen sein. Angst hat er. Und seine Freunde machen ihm keinen Vorwurf deswegen.

Aber der König sagt: »Was? Keine Ambitionen mehr?«

»Nicht direkt«, sagt Jason, und seine Wimpern flattern.

»Ich lasse mich nicht zum Narren halten«, sagt Aietes. »Du wolltest das goldene Vlies, also stimme jetzt zu!«

Jason und seine Freunde stecken die Köpfe zusammen, sie sagen: »Held hin oder her, wir hauen ab! Es bleibt uns nichts anderes übrig, verschwinden wir!«

»Halt!« ruft Medea. »Vater, wollen wir den Fremdlingen nicht Zeit zum Überlegen geben? Ich schlage vor, sie geben uns morgen früh Bescheid.«

Aietes ist auch damit einverstanden.

»Bin neugierig, was du dir da noch für eine Überraschung ausgedacht hast«, flüstert er Medea zu.

Die Argonauten kehren in ihr Lager zurück, packen zusammen, wollen sich davonmachen, da eilt Medea herbei.

Sie sagt zu Jason: »Ich möchte mit dir allein sprechen.«

Nun, da Jason mit Medea allein ist, kommt seine alte Angeberei wieder auf, er sagt: »Ich wollte natürlich nicht abhauen. Ich wollte mich schon stellen. Ich habe mir nur eine List zurechtgelegt...«

Er windet sich, und Medea sagt: »Du brauchst mir nichts vorzumachen. Ich weiß, daß du Angst hast, und ich weiß auch, daß du kein mutiger Mann bist. Ich weiß, daß du feige bist, aber ich sage dir etwas: Das macht mir nichts aus, denn ich liebe dich. Ich liebe dich mehr als mein Leben. Der Pfeil der Aphrodite hat mein Herz durchbohrt, und mein Herz brennt, und ich bin bereit, alles für dich zu geben. Ich werde euch helfen.«

Jason ist tief beeindruckt von diesen Worten, und zum ersten Mal, ja, vielleicht zum ersten Mal in seinem Leben überhaupt spielt er nicht mehr Theater. Er läßt alles fahren, er beginnt zu weinen und legt seinen Kopf an die Schulter von Medea.

Sie streichelt ihn sanft und sagt: »Du kannst bei mir so sein, wie du bist. Wenn wir beide allein sind, dann brauchst du kein Held zu sein. Ich werde auf dich aufpassen, ich werde für dich sorgen, und ich werde zusehen, daß dir kein Leid geschieht. Ich werde eine Tigerin sein, und du bist mein Junges. Ich habe hier eine Salbe, und diese Salbe wird dich vor dem Feuer der Stiere schützen. Ich gebe dir hier einen eisernen Ring. Dieser eiserne Ring ist ein Magnet, den wirfst du unter die eisernen Männer, wenn sie aus dem Boden wachsen. Er wird sie zusammenhalten, und so werden sie dir nichts tun können.«

Jason sagte: »Warum tust du das für mich? Was soll ich dir dafür geben?«

Medea sagte: »Was du mir geben sollst? Du sollst mir deine ewige Liebe schwören, das will ich. Sonst will ich nichts. Wenn du das tust, dann werde ich immer bei dir sein, und immer werde ich auf dich achtgeben. Willst du mich ewig lieben?«

Jason sagte, er will. Erstens war er nicht der Mann, der weit in die Zukunft blickte. Was heißt schon ewig für einen, der kaum eine Vorstellung von übermorgen hat! Zweitens hat es ihm sehr wohl getan, einmal in seinem Leben nicht angeben zu müssen, sich ganz öffnen zu dürfen.

Er sagte: »Ja. Ich schwöre dir die ewigste Liebe und nicht nur das...«, und er wollte schon wieder mit seinen Angebereien anfangen.

Medea unterbrach ihn: »Sei ganz ruhig«, sagte sie. »Versprich mir deine Liebe, das genügt mir.«

Mit Medeas Hilfe gelingt es also Jason, sowohl die feuerspeienden Stiere zu besiegen als auch die aufkeimenden Eisenmänner.

Aber König Aietes hält sein Versprechen nicht. Er will das goldene Vlies nicht herausgeben.

»Ach«, sagt er mit einem schiefen Grinsen, »das habe ich doch glatt vergessen. Da sitzt so eine giftige Schlange auf dem Ast, an dem das Vlies hängt. Die gehört dem Ares. Und die bewacht das Vlies, damit nicht irgendwelche Idioten kommen und es wegnehmen. Tut mir ehrlich leid.«

Wieder hilft Medea. Sie schläfert die Schlange ein und raubt das Vlies. Sie bringt es an Bord der Argo, und sie flieht mit den Männern. Die Argo sticht in See.

Von nun an geschieht alles nur nach dem Willen der Medea. Die Männer auf der Argo, sie wollen das nicht, sie wollen Frieden mit König Aietes, in Ruhe wegziehen wollen sie, was kümmert sie dieses goldene Fell. Aber Medea gibt Befehl.

Die Argonauten fliehen, und sie werden von Aietes verfolgt.

Aietes läßt seinen Sohn holen.

»Hier«, sagt er zu dem jungen Mann. »Deine Schwester, die du angeblich liebst, sie ist entführt worden von diesen Halunken! Wir müssen sie zurückholen!«

»Ja«, sagt Aietes' Sohn.

Zwei Schiffe bedrohen die Argo. Medea plant kalt. Sie kennt nur noch Gefühle für Jason. Das vordere Schiff ist das Schiff ihres Bruders.

Sie läßt ihrem Bruder eine Nachricht zukommen, die besagt: »Jason hat mich entführt. Er will mich als Geisel verwenden und Lösegeld erpressen. Jason möchte eine Unterredung mit dir.«

Diese Botschaft läßt Medea ihrem Bruder zukommen, und zu Jason sagt sie dasselbe.

Sie sagt: »Mein Bruder möchte mit dir um mich verhandeln. Er möchte, daß die Sache friedlich gelöst wird.«

Nichts ist Jason, nichts ist den Argonauten lieber als eine friedliche Lösung! Jason stimmt begeistert zu.

»Ja«, sagt er, »vielleicht war die Ewigkeit doch ein wenig zu groß angelegt für uns beide...«

Medea hört nicht darauf.

Das Treffen zwischen Jason und Medeas Bruder findet in der Nacht statt, an einer kleinen, geschützten Bucht. Die Argo hat etwas abseits angelegt, das Schiff des Bruders hat auf der anderen Seite der Bucht angelegt. Die drei sind also allein – der Bruder, Jason, Medea.

Der Bruder sagt: »Gut, ich möchte verhandeln. Ich möchte wissen: Was muß ich bezahlen für meine Schwester? Ich bin bereit, jeden Preis für sie zu bezahlen.«

Auch der Bruder wollte keinen Krieg. Er wollte, daß die Sache friedlich gelöst wird.

Jason sagte: »Was meinst du? Ich denke, du nimmst Medea einfach mit, und die Sache ist erledigt.«

Da zückte Medea ein Messer, in der Dunkelheit sah Jason das nicht, und sie ergriff seine Hand. Jason merkte nicht, daß zwischen ihrer Hand und seiner Hand das Messer war, und seine Hand führend, erstach Medea von hinten ihren eigenen Bruder.

Da lag er tot, und Jason war entsetzt und rief: »Er wollte doch verhandeln. Warum hast du ihn getötet?«

Medea sagte: »Wir beide haben ihn getötet, ich habe deine Hand geführt.«

Das Grauen stand bleich in Jasons Gesicht.

Medea war mit ihrer List noch nicht am Ende, es war eine grausame List. Sie wußte, es wird bald das Schiff des Vaters kommen, und der Vater wird sich nicht so ohne weiteres durch Verhandlungen aufhalten lassen. Sie zerhackte die Leiche ihres Bruders und verteilte diese Leichenteile über den Küstenstreifen. Denn sie wollte, daß der Vater aufgehalten würde durch das Bild seines so entsetzlich zugerichteten Sohnes.

Nun wußte Jason gar nicht, was er sagen sollte, er war wie gelähmt. Der Speichel rann ihm aus dem Mund, und er wimmerte und weinte leise vor sich hin.

»Keine Angst«, sagte Medea, »ich bin bei dir. Ich bin die Tigerin, und du bist mein Junges.«

Medea zog ihn hinter sich her, zog ihn auf die Argo, und sie fuhren weiter.

Nun hatten sie einen großen Vorsprung vor dem Vater. Jason erzählte seinen Gefährten nicht, was geschehen war. Er wurde immer stiller, er redete nicht mehr so viel. Früher hatte er ohne Unterbrechung geredet, er war ein fröhlicher Aufschneider gewesen, nun redete er nicht mehr. Er war deprimiert, saß unten in seiner Kajüte und ließ niemanden zu sich. Er ließ auch Medea nicht zu sich. Das heißt, diese wilde, gefährliche, leidenschaftliche Ehe war noch nicht vollzogen, Jason und Medea hatten noch nicht miteinander geschlafen.

Jason wollte nicht, daß Medea zu ihm kam, das tat Medea sehr weh.

»Vielleicht leben wir nicht mehr lange«, sagte sie zu Jason. »Schau, mein Vater ist immer noch hinter uns her, und er kommt immer näher. Ich kenne seinen Zorn. Er wird denken, du hast seinen Sohn getötet. Er wird uns verfolgen, bis er uns hat. Und er wird uns vernichten. Wir werden bald tot sein, Jason. Alles habe ich nur für dich getan. Du hast versprochen, mich ewig zu lieben. Liebe mich wenigstens eine Umarmung lang!«

Sie legte sich Jasons Arme um den Hals.

»Wer wird uns segnen?« sagte Jason.

Die Argo näherte sich der Insel Scheria, das ist eine sagenhafte Insel, auf der die Phäaken leben, wir kennen diese Insel aus Homers Odyssee. Medea ließ anlegen, und sie ging zum König und zur Königin der Insel.

Sie sagte: »Gebt uns Exil, wir werden verfolgt von meinem Vater. Er will nicht, daß ich diesen Mann hier heirate.«

Die Königin fragte: »Ist denn eure Ehe schon vollzogen?«

Da sagte Medea: »Nein!«

Die Königin: »Dann seid ihr nicht Mann und Frau, dann kann ich euch keinen Schutz gewähren. Aber ich sehe, das Schiff deines Vaters ist noch ein Stück weit draußen; wenn ihr euch beeilt, die Ehe zu vollziehen, dann werde ich ihn aufhalten. Dann werde ich ihm sagen, welches Gesetz hier herrscht, daß einem Ehepaar kein Leid geschehen darf.«

Nun zwang Medea den Jason zu sich und sagte: »Es ist deine Pflicht, mit mir zu schlafen. Wenn du es nicht tust, dann nimmst du in Kauf, daß mich mein eigener Vater tötet und dich auch und alle deine Gefährten. Du sollst es nicht tun, weil du mich liebst oder weil du Lust nach mir hast, du sollst es tun, weil es deine menschliche Pflicht ist.«

Jason war so bedrückt, so niedergeschlagen, so voll lebenraubender Sinnlosigkeit, er antwortete nicht, er vollzog die Ehe mit Medea. Und antwortete nicht.

Als Aietes landen wollte, konnte ihn die Königin von Scheria wegschicken, konnte ihm zurufen: »Du hast kein Recht mehr, ich beherberge hier ein Ehepaar!«

Erst viel später, als die Königin erfuhr, wen sie beherbergt hatte, was Jason und Medea angerichtet hatten, da fiel sie in Zorn und Gram. Sie wäre an diesem Zorn und diesem Gram beinahe gestorben.

Nun ging die Reise der Argonauten zu Ende. Die meisten der Kameraden des Jason hatten unterwegs schon die Argo verlassen. Jason und Medea näherten sich der Stadt Iolkos, wo König Pelias lebte und herrschte. Für ihn war Jason schließlich ausgefahren, um das goldene Vlies zu holen.

Aber König Pelias wollte dem Jason nicht die Macht abtreten, wie er es versprochen hatte.

»Danke, daß du mir den Fellfetzen geholt hast«, sagte er. »Und nun verschwinde!«

Medea, die Tigerin, die ihr Junges verteidigte, traf sich mit den Töchtern des Pelias. Sie gab sich als eine Freundin aus.

Sie sagt: »Euer Vater hat doch bald Geburtstag. Warum schaut ihr so bekümmert?«

»Er ist schon sehr alt, und er ist krank«, sagen die Töchter. »Er leidet an Alter und Krankheit.«

Medea sagt: »Ich verfüge über Zauberkräfte. Es ist für mich kein Problem, einem Mann das Alter und die Krankheit wegzunehmen. Ich kann euch zeigen, wie man einen Menschen verjüngt.«

Das interessiert die Töchter, und Medea sagt: »Ich werde es euch vorführen. Bringt mir ein altes Schaf, irgendein altes Schaf.«

Sie bringen einen alten Hammel. Medea nimmt eine scharfe Klinge und tötet das Schaf, zerschneidet es in viele kleine Teile. Die Teile wirft sie in einen Sud und kocht sie.

Sie sagt: »Dieser Sud ist ein Zaubermittel. Wenn man Altes, Krankes, Zerschnittenes hineinwirft, kommt es als Junges, Gesundes, Ganzes heraus.«

Und sie zieht aus diesem Sud ein junges Lamm hervor und sagt: »Seht her! Zuerst war es ein alter, blöder, kranker Bock, jetzt ist es ein junges Lamm. Meine Methode hat dieses Schaf verjüngt. Macht es genauso mit eurem Vater.«

Die Mädchen sind sehr beeindruckt, sie geben dem Vater Wein zu trinken, bis er berauscht ist und einschläft. Dann führen sie an ihm Medeas Methode der Verjüngung durch. Aber irgend etwas klappt nicht, und das war das Ende des Pelias.

Jason, der all dieses Grauen mitbekommen hat, versank in zähe seelische Finsternis. Er saß nur noch da, den Kopf in die Hände gestützt, und sagte kein Wort mehr. Medea hatte inzwischen zwei Söhne von Jason geboren, und sie versuchte wenigstens nach außen den Anschein einer glücklichen Familie zu wahren.

Wenn die Leute fragten: »Wie geht es deinem Mann?«, dann sagte sie: »Heute geht es ihm schon bedeutend besser als gestern.«

Eines Tages kam ein Arzt vorbei, und der sagte: »Es würde deinem Jason guttun, wenn ihr beide eine Reise machtet.«

Medea ist einverstanden. Diese Reise führte sie nach Theben.

Und plötzlich beginnt Jason tatsächlich aufzuleben. Medea freut sich zuerst, aber dann erkennt sie den wahren Grund: Jason hat sich verliebt. Er hat sich verliebt in Glauke, in die Tochter des thebanischen Königs.

Diese Liebe gab Jason seine alte Lebensfreude zurück. Er sprach es auch ganz offen vor Medea aus.

Er sagte zu ihr: »Du weißt doch selbst: Nach allem, was geschehen ist, nach all dem Grauen, das wir, ich sage absichtlich wir, obwohl du es allein getan hast, du hast es ja für mich getan, nach allem, was wir angerichtet haben, können wir doch nicht mehr zusammenleben. Wir haben es doch gemerkt, Medea. Entbinde mich des Schwurs, den ich dir gegeben habe!«

Alles rast in ihr. Aber sie beherrscht sich. Sie tut so, als ob sie der Liebe zwischen Jason und Glauke zustimmte. Aber alles in ihr rast. Sie schickt sogar ein Hochzeitsgeschenk, sie gibt Jason frei. Dieses Hochzeitsgeschenk ist ein Kleid, und das Kleid hat sie vorher mit dem Blut eines toten Kentauren bestrichen. Wir kennen das schon von der Geschichte um Herakles' Ende.

Als Glauke, die Braut, sich dieses Kleid überziehen will, beginnt dieses Kleid zu brennen. Es brennt ihr die Haut weg. Ihr Vater kommt dazu, um sie zu retten, da greift das Feuer auf den Vater über und verbrennt auch ihn.

Jason steht dabei und muß zusehen, wie seine Liebe verbrennt. Und es verbrennt sein Leben.

Medea aber erhebt sich vom Boden und fährt davon in die Wolken. Sie wird in dieser Geschichte nicht mehr gesehen. Daß sie vorher noch ihre Kinder tötete, ist eine private Zugabe von Euripides. Wir wissen es besser.

Was ist aus Jason geworden? Er war niedergeschlagen bis ans Ende seines Lebens. Das Ende hat ihm der Kielbalken gebracht, der Kielbalken der Argo, der aus dem sprechenden, heiligen Baum des Zeus gemacht worden war. Jason saß jahrein, jahraus unter der Argo, im Schatten seines Schiffes, und das Schiff begann, vor sich hin zu modern.

Eines Tages fragte der Kielbalken: »Jason, hörst du mich?«

»Ja«, sagte Jason, »ich höre dich.«

»Willst du noch?«

»Nein«, sagte Jason, »ich will nicht mehr.«

Da brach der Kielbalken vom Schiff, er fiel herunter und fiel dem Jason auf den Kopf und schlug ihm den Schädel ein.

Untergang der Stadt Troja

Von der Pathologie des Krieges – Von der Ausrottung der trojanischen Königsfamilie – Vom Kind Astyanax – Von einem logischen Ratschlag – Heimkehrergeschichten

Homer, der die Schlacht um Troja in seiner Ilias ausführlich beschreibt, erzählt uns nicht vom Untergang dieser Stadt. Die Ilias endet, bevor Troja untergeht, und die Odyssee beginnt, nachdem Troja untergegangen ist. Aus anderen Quellen müssen wir uns über den Untergang dieser Stadt informieren.

Nun, der Untergang wurde wohl eingeleitet mit dem Tod des Achill. Das erscheint zunächst widersinnig, weil der Tod des Achill vor allen Dingen die Feinde Trojas schwächte, nämlich die Griechen.

Wie starb Achill? Er starb durch einen Pfeil, abgeschossen von Paris. Aber Paris selbst war beileibe nicht ein so guter Schütze, er hätte nicht die Ferse des Achill treffen können. Denn Achill war am ganzen Körper unverwundbar, nur eine Stelle, an seiner Ferse eben, dort wo die sogenannte Achillessehne sitzt, dort war er verwundbar. Apoll war es, der Gott des Bogens, er lenkte den Pfeil, den Paris lediglich von der Sehne schwirren ließ. Er lenkte den Pfeil in die Ferse des Achill, dieser Pfeil war vergiftet, und Achill starb unter Qualen auf dem Schlachtfeld.

Es muß für die Griechen ein ungeheurer Schock gewesen sein, daß ihr größter Held gefallen war. Denn er war der Inbegriff des Sieges für sie. Was muß dieser Held für ein mächtiger Kämpfer gewesen sein! Einmal – die Ilias erzählt ebendiese Geschichte – hat sich Achill aus dem Kampfgeschehen zurückgezogen, und gleich sah es für die Griechen verheerend aus. Die Trojaner rückten vor.

Nun hatten sie ihren Helden verloren. Er wurde vom Schlachtfeld getragen, und es entstand ein eifersüchtiges Ringen um seine Rüstung. Das ist verständlich, wenn man weiß, was für eine Rüstung das war. Die Rüstung war aus purem Gold, von Hephaistos persönlich angefertigt, vom Gott der Schmiede. Es hieß, wem diese Rüstung gehörte, der werde ähnlich wie Achill unverwundbar sein.

Agamemnon, der Heerführer, sagte: »Der tapferste, der beste Krieger der Griechen soll diese Rüstung bekommen.«

Es blieben da eigentlich nur zwei, die in Frage kamen, nämlich auf der einen Seite Odysseus, auf der anderen Seite Aias, der große Aias, der Sohn des Telamon.

Odysseus war nicht so kräftig, nicht so mutig, nicht so stark wie Aias, aber er war klug. Seine Klugheit hat den Griechen im Krieg gewiß mehr genützt als die Stärke des Aias.

Die Rüstung wurde dem Odysseus zugesprochen – für seine Klugheit, wie es hieß. Und das, obwohl sich Odysseus gar nicht so intensiv darum beworben hatte. Er sah wohl voraus, was für Probleme das für den großen Aias mit sich bringen würde.

Aias war so tief gekränkt, so verletzt, daß ihm nicht diese Ehre zuteil wurde, daß er in Wahnsinn verfiel. Er schwor dem ganzen griechischen Heer Rache, er wünschte sich, daß die Trojaner den Krieg gewännen.

In seinem Wahnsinn sah er eines Abends unten im Tal die griechischen Helden alle beieinander stehen, er nahm sein Schwert, er wunderte sich noch, daß sie alle so weiß gekleidet waren und so ruhig dort standen, er nahm das Schwert und fuhr in diese Helden hinein und schlachtete die griechischen Helden ab.

Als er dann im Blut dieser Helden stand, wich der Wahnsinn aus seinem Kopf, und er sah, es waren nicht die griechischen Helden, die er umgebracht hatte. Er hatte eine Schafherde niedergemetzelt. Er hörte hinter sich das Gelächter des Thersites. Thersites war der Clown, der böse Clown im griechischen Heer, der nun den großen Aias auslachte.

Er sagte: »Bist du denn völlig von Sinnen? Was bringst du denn die Schafe um? Zeig doch deine Kraft im Kampf gegen die Feinde!«

Das war eine erneute Demütigung für den großen Aias, für ihn war sie unerträglich. Er stürzte sich in sein Schwert.

Nun brach die Panik vollends bei den Griechen aus, nun waren die zwei stärksten Helden nicht mehr da, Aias und Achill. Es sah so aus, als ob das Heer vertrieben würde, als ob der Krieg für sie verlorenginge.

Da geschah es, daß Odysseus den Helenos gefangennahm. Helenos war ein Sohn des Königs Priamos von Troja, und er war mit hellseherischen Fähigkeiten ausgestattet.

Odysseus schlug vor, daß man eine Art Waffenstillstand, ein verabredetes Patt, verhandelte. Aber die Generalität war dagegen. Helenos wurde gefoltert, seine Geheimnisse wurden aus ihm herausgepreßt, er wußte, welche Bedingungen erfüllt werden mußten, um Troja zu schlagen.

Er nannte einige dieser Bedingungen. Zum Beispiel: Der Sohn des Achill müsse geholt werden, um auf der Seite der Griechen zu kämpfen. Es müsse des weiteren Philoktet geholt werden. Ich habe schon von ihm berichtet, das ist jener Held, der schon vor dem Krieg auf einer Insel ausgesetzt wurde, weil er an einer schwärenden Wunde litt. Philoktet war der Besitzer des Bogens des Herakles.

Zuletzt wurde unter Folter aus Helenos herausgepreßt: Es muß ein hölzernes Pferd gebaut werden.

Odysseus riet zur Vorsicht. Er ist in dieser Geschichte derjenige, der den Frieden will, der die Verhandlungen will. Aber das hölzerne Pferd wurde gebaut. Später wurde die Idee dazu dem Odysseus angedichtet.

Das hölzerne Pferd wurde voll Soldaten gefüllt, vor die Stadt Troja gestellt, die Griechen zogen sich zurück. Das Pferd wurde in die Stadt gezogen.

Ein Zwischenfall: Laokoon, er war ein Priester des Apoll, ein trojanischer, er rief: »Zieht dieses Pferd nicht in die Stadt, nehmt keine Geschenke von den Griechen an.«

Da kamen Schlangen aus dem Wasser gekrochen und erwürgten ihn und seine Söhne.

Die Trojaner sagten: »Das ist ein Zeichen. Laokoon hat unrecht.«

Diese Schlangen waren von Athene geschickt worden, um die Trojaner zu täuschen.

Die Trojaner zogen das Pferd in ihre Stadt und zogen damit das Verderben in ihre Stadt. Denn in der Nacht brachen die griechischen Soldaten aus dem Pferd hervor und öffneten die Tore Trojas. Die Soldaten drangen in die Stadt, und nun begann dieses große und unglaubliche Gemetzel.

Das ist der erste Holocaust, die erste menschliche Ausbrennung, die im Abendland beschrieben wird. Von dieser Stadt Troja wird am Ende nicht ein Stein auf dem anderen bleiben.

Knapp vierhundert Jahre nach Homer schrieb der griechische Geschichtsschreiber und erste europäische Kriegsberichterstatter Thukydides die Geschichte des Peloponnesischen Krieges. Das ist nun ein realer Krieg, kein mythischer Krieg. Bei Thukydides gibt es ein kleines Kapitel, das ist überschrieben mit »Die Pathologie des Krieges«. Das sind nur wenige Seiten. In knappester Form beschreibt Thukydides, wie gegen Ende eines Krieges die Motivationen, die zu dem Krieg geführt haben, die Beweggründe, wie auch jene von Ritterlichkeit und Moral getragenen Leidenschaften, die den Krieg zu Anfang als unausweichlich und edel erscheinen haben lassen, zerfallen und sich in ihr Gegenteil verwandeln. Der Krieg verdirbt.

Thukydides: »Auch änderten sie die gewohnten Bezeichnungen für die Dinge nach ihrem Belieben. Unüberlegte Tollkühnheit galt für aufopfernde Tapferkeit, vorausdenkendes Zaudern für aufgeputzte Feigheit, Besonnenheit für den Deckmantel der Ängstlichkeit, alles bedenkende Klugheit für alles lähmende Trägheit; wildes Draufgängertum hielt man für Mannesart, vorsichtig wägendes Weiterberaten wurde als schönklingender Vorwand der Ablehnung angesehen. Wer schalt und zürnte, war immer zuverlässig, wer widersprach, eben dadurch verdächtig.«

Eine Situation, in der keiner mehr weiß, wofür er, auf welcher Seite er, warum er eigentlich kämpft, in der sich jede Menschlichkeit aufzulösen beginnt, und zwar restlos – das ist Krieg. Das hat Thukydides vor fast zweieinhalbtausend Jahren so beschrieben, und es läßt sich übertragen auf alle Kriege, auf alle Kriege bis in unsere heutige Zeit, diesbezüglich ist Thukydides einer der hellsichtigsten Kriegsanalytiker der Weltgeschichte. Der Krieg verdirbt.

Die Pathologie des Krieges – wir können sie auch bei jenem mythischen Krieg, dem Trojanischen Krieg, beobachten.

Als nun die Stadt Troja von den Griechen eingenommen war, wurde ein Statthalter eingesetzt, nämlich Neoptolemos, der Sohn des Achill. Er dürfte nicht älter als sechzehn Jahre gewesen sein. Er war ein verwildertes, amoralisches, blutrünstiges Kind. Er errichtete eine Schreckensherrschaft in diesen ersten Tagen nach der Einnahme der Stadt. Er ließ die Bewohner der Stadt, soweit sie nicht fliehen konnten, und nur wenige konnten noch fliehen, massenweise abtransportieren und hinschlachten.

Odysseus war einer der wenigen, die davor warnten. Solche Grausamkeiten, abgesehen von jeder Moral, seien sinnlos und folgenschwer, sagte er.

Aber Neoptolemos trieb es immer schlimmer. Er setzte durch, daß die trojanische Prinzessin Polyxena, die Schwester des Hektor, über dem Grab seines Vaters Achill geopfert wurde. Sie wurde lebendig verbrannt.

Er sagte: »In der Nacht habe ich geträumt, mein Vater will auch etwas von der Beute haben.«

Es kam zu anderen grauenhaften Szenen: Der kleine Aias, der Lokrische genannt, ein cholerischer, verschlagener Mann, vergewaltigte Kassandra, die Hellseherin, auch eine der Töchter des Priamos, vergewaltigte sie am Altar ihrer Göttin Pallas Athene. Das Standbild der Athene wandte die Augen ab, weil selbst der Stein diesen Frevel nicht mitansehen konnte.

Odysseus forderte, daß der Lokrische Aias vor Gericht gestellt würde, und auch andere Offiziere, die sich noch einen Rest von Menschlichkeit in ihrem Herzen erhalten hatten, forderten dasselbe. Sie schickten eine Petition zu Neoptolemos, dem Statthalter.

»Gut«, sagte der, »wenn man ein Gericht will. Gut.«

Den Richter allerdings wollte Neoptolemos selber spielen.

Der Lokrische Aias und Neoptolemos machten sich einen Spaß daraus, einen lustigen Schauprozeß abzuziehen. Natürlich wurde Aias freigesprochen, in seiner Verteidigungsrede – denn Neoptolemos spielte auch den Anwalt des Angeklagten – erzählte der Sohn des Achill den anwesenden Helden, wie er selbst vorgegangen sei in der Vernichtung der Familie des Priamos. Er erzählte, er habe den Palast gestürmt mit ein paar Freunden, habe dort einen jungen Mann getroffen, das sei Polites gewesen, einer der Söhne des Priamos. Ihn habe er an den Haaren durch den ganzen Palast geschleift, damit er ihm den Vater zeige.

Der Vater, König Priamos, war ein alter Greis, ein gebrechlicher Greis, der sich zitternd an seine Frau Hekabe klammerte. In der Küche waren die beiden, dort fand man sie. Vor den Augen dieses alten Ehepaares, das nun schon so schreckliche Dinge erlebt hatte in den zehn Jahren des Krieges, tötete Neoptolemos auf besonders grausame Art und Weise den Polites, ihren jüngsten Sohn. Er warf ihn auf den Boden und sprang mit seinem Übergewicht auf seinen Kopf, bis der Schädel zerplatzte.

Priamos habe mit seiner piepsenden Greisenstimme zu schreien angefangen, erzählte Neoptolemos, und er sei auf ihn losgegangen mit seinen vertrockneten Fäusten:

»Dein Vater Achill«, habe Priamos geschrien, »der uns so viel Unheil gebracht hat, würde dich verurteilen! Achill würde seinen eigenen Sohn verfluchen, wie ich dich jetzt verfluche!«

Da packte ihn Neoptolemos – dieses sechzehnjährige, übergroß gewachsene, überkräftige Kind –, packte den Greis an den Haaren und sagte: »Gut, Priamos, dann erzähl es doch meinem Vater, was ich hier tue. Sag ihm doch, was für einen verdorbenen Balg er hat!«

Er riß den Körper des Priamos auf die Schlachtbank und hackte ihm den Kopf ab. Und warf Kopf und Körper aus dem Fenster.

Das sah Hekabe, die Gattin des Priamos, die Mutter des Polites. Da wurde sie verrückt, sie verwandelte sich in einen Hund, und sie begann zu heulen.

Solche Greuel passierten vor den Augen des Odysseus und der anderen Offiziere, die noch einen Rest von Anstand bewahrt hatten.

Und dann geschah folgendes: Die Stadt war schon entvölkert, entweder die Bewohner waren geflohen, oder aber sie waren getötet worden, da fand man ein Kind, einen Buben, drei, vier, fünf Jahre alt vielleicht, ausgehungert und mager, mit großen, schönen Augen.

Diesen Buben überließ man nicht dem Neoptolemos. Menelaos, der Weichherzige, der Gatte der Helena, nahm ihn in seine Obhut.

Sentimentalität, heißt es, sei nichts anderes als die Kehrseite der Brutalität. Da mag etwas Wahres daran sein.

Dieser Knabe, der da gefunden wurde, zitternd am ganzen Körper, inmitten von Unrat, dorthin hatte er sich verkrochen, man wußte zuerst nicht, was es mit diesem Kind auf sich hatte. Menelaos behielt ihn in seinem Zelt. Der Anblick dieses Knaben rührte ihn zu Tränen, und das tat ihm wohl, weil solche Rührungen hatte er schon lange nicht mehr verspürt in seinem Herzen. Er setzte den Knaben vor sich hin und schaute ihn an und begann zu weinen, das tat ihm gut.

Dieses Kind sprach nichts, und es war der Ehrgeiz des Menelaos, den Buben zum Sprechen zu bringen. Neoptolemos kümmerte sich nicht sehr viel um dieses Kind und die anderen Helden auch nicht. Aber schließlich gelang es dem Menelaos, dem Kind zu entlocken, wer es denn sei.

Es sagte seinen Namen: »Astyanax.« Und es sagte auch den Namen seines Vaters: »Hektor.«

Hektor war der älteste Sohn des Priamos, ihn hatte Achill im Zweikampf getötet. Er war der Vorzeigeheld der Trojaner.

Dieser Astyanax war der letzte, der vom trojanischen Königsgeschlecht übriggeblieben war. Er war der einzige.

Menelaos umarmte den Kleinen, sagte, er möchte ihn adoptieren, er möchte ihn liebhaben und mit nach Hause nehmen.

Das ist Sentimentalität, die Kehrseite der Brutalität. Zuerst hat Menelaos dafür gesorgt, daß das ganze Geschlecht, daß die ganze Verwandtschaft des kleinen Astyanax umgebracht wurde, und dann befiel ihn diese Sentimentalität.

Nun geschah etwas sehr Merkwürdiges. Es ist nach meinem Dafürhalten der dunkelste Punkt in der Geschichte des Trojanischen Krieges, zumindest ist es der dunkelste Punkt auf der Seele des Odysseus. Dieser Odysseus, der nicht nachließ, vor den Grausamkeiten des Neoptolemos zu warnen, Odysseus kam nun und sagte: »So, wenn dieser Astyanax der Sohn des Hektor ist, dann müssen wir ihn töten.«

Menelaos war außer sich: »Du willst ein Kind töten?«

Der Krieg verdirbt. Er verdirbt alles, die Städte, die Felder, die Wirtschaft, die menschliche Seele, sogar die Logik. Die Astyanax-Geschichte ist ein Beispiel für die Pathologie des Krieges, wie sie Thukydides beschreibt.

Odysseus argumentierte nämlich durchaus logisch – folgerichtig, aber unmenschlich.

Er sagte: »Wir haben den schrecklichsten Krieg geführt, der sich denken läßt. Niemand von uns will, daß sich so ein Krieg wiederholt. Ihr habt die gesamte königliche Familie ausgerottet, ihr habt die Frauen versklavt und vergewaltigt, ihr habt die Tante des Astyanax, Kassandra, vergewaltigt und habt den Vergewaltiger freigesprochen, ihr habt seinen Onkel Polites auf grausamste Art und Weise getötet und seinen Mörder zum Richter gemacht. Ihr habt seinen Großvater Priamos, einen hilflosen Greis, enthauptet, ihr habt Hektor getötet und habt seinen Körper um die Stadt geschleift. Ihr habt

Dinge getan, die so furchtbar sind, daß dieser Astyanax, wenn er erst ein Mann geworden ist, sie rächen muß. Er muß! Er kann gar nicht anders, er muß diese Untaten rächen!«

Es konnte dem Odysseus schwer widersprochen werden.

Er fuhr fort: »Dieser Astyanax, wenn er erst zwanzig ist, wird ein Heer zusammenstellen, und er wird gegen Griechenland ziehen, und es wird dieser Krieg von neuem beginnen. Er muß es tun. Deshalb«, schloß Odysseus, »deshalb bleibt uns diese letzte, vielleicht grauenhafteste Tat nicht erspart. Wir müssen dieses Kind töten!«

Menelaos riß ihm das Kind aus den Armen. »Der Kleine steht unter meinem Schutz«, rief er.

»Ausgerechnet unter deinem Schutz!« höhnte Odysseus. »Ausgerechnet du willst der Schutzherr der Kinder sein!«

Und dann wandte sich Odysseus an Agamemnon, den Bruder des Menelaos.

»War es nicht er«, fragte er, »der dich in Aulis zwang, deine Tochter Iphigenie zu opfern, damit Wind aufkomme und wir hierher zu dem unseligen Gestade von Troja segeln konnten? Und er will der Schutzherr der Kinder sein!«

Da wurde beschlossen zu tun, was Odysseus forderte. Astyanax wurde auf den letzten übriggebliebenen Turm von Troja geschleift, und von dort warf man ihn hinunter, man warf ihn zu Tode.

Ich weiß nicht, wer es getan hat. Wie ich Odysseus kenne, glaube ich nicht, daß er es getan hat. Er ist doch vor allem ein Mann der Theorie, ein Schreibtischtäter. Er hat die Untat angezettelt, aus logischen Gründen. Aber die Logik des Krieges kann niemals die Logik der Moral sein.

Der Trojanische Krieg war also beendet, die Helden packten ihre Sachen und fuhren nach Hause. Das Ziel war erreicht, Menelaos hatte seine Gattin Helena wiedergewonnen. Denn dafür waren zehn Jahre Krieg und ein so grausames Ende in Kauf genommen worden. Als Telemach, der Sohn des Odysseus, zehn Jahre nach Ende des Krieges nach Lakedaimon kommt und dort Menelaos und Helena trifft, sagt Helena schmunzelnd, damals sei sie eine Hündin gewesen. Der Trojanische Krieg war also für sie nicht mehr als ein erotischer Jugendstreich.

Nun fahren die Helden nach Hause. Da gab es zum Beispiel den kretischen König Idomeneus, auch er hatte um Helena angehalten damals, und deswegen war auch er in den Krieg gezogen. Idomeneus hatte sich am Schluß nicht an den Grausamkeiten beteiligt, aber er hatte auch nichts dagegen getan.

Er geriet unterwegs in einen Sturm, und er gelobte dem Gott Poseidon: »Wenn du mich leben läßt, so will ich dir ein Opfer darbringen. Das erste Lebendige, das ich auf meiner Insel vor die Augen bekomme, werde ich dir opfern.«

Das war sein eigener Sohn, der ihn vom Hafen abholen wollte. Idomeneus opferte seinen eigenen Sohn. Seine Frau verjagte ihn daraufhin von der Insel. Irgendwo verliert sich die Spur des Idomeneus.

Eine andere Geschichte, die des kleinen Aias, des Lokrischen, wie er genannt wurde, dieses besonders grausamen, besonders zynischen Helden: Er wurde vom selben Sturm ins Meer geworfen. Sein Schiff wurde zerschlagen, und er schwamm ans Land.

Bevor er das Land erreichte, hob er die Faust gegen die Götter und rief: »Ihr verfluchten Idioten da oben! Ich habe das ganze Leben hindurch gesündigt, und mir ist nichts geschehen. Wenn ich jetzt hier sogar noch lebendig aus dieser Flut steige, dann habe ich das mir allein zu verdanken und nicht euch!«

Dann griff er nach dem Felsen.

Das war dann Zeus zu bunt. Er schickte einen Blitz und zerschlug Fels und Mann. So endete der kleine Aias.

Neoptolemos, der Sohn des Achill, er wurde in Delphi vor dem Orakel hinterrücks erstochen. Er wollte gerade erfahren, wie lange sein Leben noch dauern wird. Die Pythia blickte ihn nur an, sagte kein Wort. Sie sah den Mörder hinter Neoptolemos stehen. Sie brauchte ihm keine Antwort mehr zu geben.

Die griechische Literatur kannte viele solcher Heimkehrergeschichten. Die prominenteste ist die Odyssee. Die meisten kleineren oder größeren Epen sind verlorengegangen, der Rest umfaßt wenige Zeilen. Wir müssen uns die Geschichten mühsam aus anderen Quellen rekonstruieren.

Aber das sind alles die Geschichten der Angreifer, die Geschichten der Sieger. Es gibt auch eine Geschichte der Besiegten. Von den Trojanern blieb nur einer übrig, einer mit einer kleinen Gefolgschaft. Das war Aeneas. Er hatte sich mit einer Gruppe von Leuten in die Wälder zurückgezogen, als in seiner Stadt der Krieg pathologisch wurde.

Aeneas

Von der Flucht aus der brennenden Stadt – Von einem Funken Hoffnung – Von Ascanius – Von Dido und ihrer Liebe – Vom harten Herzen des Emigranten – Von Tischen, die man essen kann – Vom neuen Troja

Aeneas auf der Flucht aus Troja – auf den Schultern trägt er seinen Vater Anchises, der wiederum die Hausgötter mit seinen Händen umklammert, und neben Aeneas geht sein kleiner Sohn Ascanius, verwirrt, die Augen voll Angst.

Dieses Bild des Flüchtlings beschreibt die letzten Tage der Stadt Troja. Aeneas hatte sich mit den letzten seiner Familie durch die Straßen der brennenden Stadt gedrängt. Um ihn herum schrien und liefen die Menschen. Kinder fielen, wurden zertrampelt, alte Menschen sanken nieder, als würde sie der Boden aufnehmen. Aeneas hielt mit der einen Hand seine Frau, mit der anderen seinen Sohn, auf seinen Schultern wimmerte sein gelähmter Vater. Und dann ließ die Frau seine Hand los, und er konnte sie im Getümmel nicht mehr sehen. Sie verschwand, und er fand sie nie wieder.

Mit Vater und Sohn und einem Häufchen Getreuen gelang ihm die Flucht aus der Stadt. Sie zogen sich in die Wälder um den Berg Ida zurück, versteckten sich dort. Diese Menschen sind die einzigen in Freiheit Überlebenden der Stadt. Viele Frauen wurden versklavt.

Wer ist nun dieser Aeneas, der als einziger großer Held von dem einst stolzen, weit gerühmten Stamm der Trojaner übrigblieb?

Seine Mutter ist eine Göttin, es ist die Göttin der Liebe, es ist Aphrodite. In den glücklichen Zeiten von Troja war sein Vater Anchises ein Hirte gewesen. Anchises gehörte nicht zum unmittelbaren Königsgeschlecht der Trojaner, er entstammte einer Nebenlinie. Sein Haus stand außerhalb der Stadt.

Anchises hütete also die Schafe an den Hängen des Ida, und da erschien ihm eines Tages Aphrodite. Sie war nämlich von Zeus verzaubert worden; einmal war es umgekehrt, einmal verzauberte nicht sie, sondern war verzaubert worden. Um sie, deren Macht in Wahrheit die des Göttervaters überragte, zurückzustutzen, zu demütigen, machte sie Zeus in den kleinen Hirten Anchises verliebt.

Ach, Aphrodite brauchte keine Worte. Sie blickte den jungen Mann an, und dann legte sie sich neben ihn ins Gras. Sie verführte Anchises auf dem Berg Ida, er wußte nicht, wer sie war, und sie schliefen miteinander.

Sie wurde schwanger. Sie gab sich dem Anchises zu erkennen, und der hatte natürlich furchtbare Angst, denn so bewandert war er in der Mythologie seines Volkes schon, daß er wußte, wie riskant eine direkte Verbindung von Gott und Mensch ist – für den Menschen, versteht sich.

Aber Aphrodite sagte zu ihm: »Du brauchst keine Angst zu haben, Anchises. Ich werde es nicht zulassen, daß jemand dir etwas tut. Voraussetzung allerdings ist, daß du unser kleines Techtelmechtel verschweigst. Verstehst du mich?«

»Aber ja«, sagte Anchises. In seinen Gedanken sah er sich freilich schon umringt von den Burschen der Stadt, wie sie ihn feierten, wie sie ihn beneideten – ihn, den Liebhaber der Aphrodite.

»Gut«, sagte Aphrodite, »du hast mich also verstanden.«

»Freilich«, sagte Anchises.

»Du erzählst niemand davon, daß du mit der Göttin der Liebe persönlich geschlafen hast?«

»Nein, nein«, sagte Anchises, kreuzte im Rücken Zeigefinger und Mittelfinger.

Es ist schon etwas ganz Besonderes, der Liebhaber von Aphrodite gewesen zu sein, wer will das bestreiten. Und Anchises wollte ja auch wirklich seinen Mund halten, aber dann eines Abends saß er mit Freunden zusammen, Wein wurde getrunken, über Frauen wurde gesprochen, über Mädchen, die der eine schon gehabt, der andere noch nicht gehabt hatte, und so weiter.

Da sagte einer über ein Mädchen, das gerade vorbeiging: »Mit der habe ich auch schon.«

Und weil es ein besonders hübsches Mädchen war, fragten die anderen: »Und? Wie ist es?«

Und der Bursche sagte: »Also mit ihr zu schlafen, ich kann euch sagen, das ist so gut, wie wenn man gleich mit der Göttin der Liebe persönlich schläft!«

Und Anchises, er war schon ziemlich betrunken, der sagte: »Woher willst du das wissen?«

Der Bursche sagte: »Das ist halt so ein Sprichwort, das sagt man halt so. Man sagt, mit dieser Frau zu schlafen muß so schön sein, wie mit Aphrodite zu schlafen.«

Anchises sagte: »Ja, das ist ein Sprichwort, das schon. Ein besonders blödes Sprichwort ist das. Woher soll von euch einer wissen, wie schön es ist, mit Aphrodite zu schlafen?«

Da sagten die anderen: »Und du?«

»Ich weiß es«, sagte Anchises.

»Ja, woher willst du es denn wissen?« riefen die anderen. »Was erzählst du denn hier!«

Da war dann die Versuchung doch zu groß.

Anchises sagte: »Ich? Ich habe mit Aphrodite geschlafen, und sie hat einen Sohn von mir.«

Da bat dann Aphrodite Zeus, er möge dem Anchises nun doch einen Denkzettel verpassen. Zeus schickte einen kleinen Blitz, einen Miniblitz, aber der reichte immerhin aus, daß Anchises gelähmt war von diesem Tag an. Deshalb konnte er auch nicht auf seinen eigenen Füßen die brennende Stadt Troja verlassen. Als es soweit war, war er angewiesen auf seinen Sohn.

Und dieser Sohn war Aeneas, ihn hatte Aphrodite von Anchises empfangen. Ein Lügner war Anchises nicht, nur ein Aufschneider.

Aeneas hatte sich am Trojanischen Krieg erst spät beteiligt, er wollte neutral bleiben. Er war ein friedlicher Charakter, er warnte die Trojaner.

Er sagte: »Gebt die Helena zurück! Laßt es nicht auf einen Krieg ankommen!«

Sie hörten nicht auf ihn.

Auf dem Berg Ida versteckten sich die Geretteten und warteten, ernährten sich von Wurzeln und Beeren und Vögeln, die sie mit Steinen erlegten. Sie verkrochen sich in Höhlen und sandten Späher aus, die erst wiederkommen sollten, wenn die Griechen das trojanische Gestade verlassen hatten.

Wir sehen nun Aeneas auf dem Berg Ida, umgeben

von einem jämmerlichen Haufen. Hier ist nichts mehr zu finden von strahlendem Heldentum. Dieser Aeneas ist umgeben von Alten und Schwachen, von Frauen, von Verwundeten, von Hoffnungslosen. Als dann gemeldet wird, daß die Griechen abgefahren sind, wollen viele gar nicht mehr hinunter in die Ebene. Sie wollen sich den Anblick ihrer zerstörten Stadt nicht zumuten.

Es herrschen Weinen und Wehklagen, die meisten haben auch keine Kraft mehr zum Weiterleben. Zukunft gibt es für sie nicht mehr.

Aeneas – was bleibt ihm anderes übrig? – versucht so etwas wie Hoffnung zu wecken.

Er muß diesen Leuten sagen: »Wir geben nicht auf, es geht weiter!« Was soll er sonst tun?

Sie glauben ihm nicht.

Er sagt dann: »Nein, nein, ihr dürft nicht an meinen Worten zweifeln! Denn sie kommen von Gott. In der Nacht ist mir im Traum eine Botschaft zugekommen. Wir müssen Schiffe bauen, wir müssen hinaus, eine neue Heimat wartet auf uns.«

Weil er die Verzweiflung sieht, darum spricht er so. Er hat nicht geträumt, und keine Botschaft ist zu ihm gekommen. Aber als er das sagt, sieht er einen kleinen Schimmer in den Augen seiner Leute, und das spornt ihn an, das beseelt ihn, und er ist sich plötzlich selbst nicht mehr sicher.

Er sagt sich: »Vielleicht ist wahr, was ich laut sage, und falsch, was ich still denke.«

Die Hoffnungslosen sehen die Hoffnung in seinen Augen, die er sich selbst nur eingeredet hat, und er sieht die Hoffnung in ihren Augen.

Alle Zukunft wird auf diesen Mann geladen, und er sagt: »Bauen wir Schiffe. Ziehen wir hinaus.«

»Wohin sollen wir gehen?« sagen die Leute.

»Es wird uns Zeus führen!« sagt Aeneas. »Es wird uns meine Mutter Aphrodite führen.«

Die meisten kennen ja die Geschichte von Anchises und Aphrodite, und ehrlich gesagt, die meisten haben sie nicht geglaubt. Die meisten haben doch geglaubt, Anchises ist ein Angeber und ein Lügner, er erzählt das nur. Bisher glaubten sie diese Geschichte nicht, sie dachten sich halt, Anchises' Frau wird weggelaufen sein und ihm dieses Kind dagelassen haben.

Aber nun, da ihnen nichts weiter geblieben ist auf dieser Welt und die Hoffnung, dieser recht dünne Stoff, dieser theoretische Wert, das einzige ist, nun glauben sie, daß Aeneas der Sohn einer Göttin ist, weil sie es glauben wollen. Sie wollten, daß der Sohn einer Göttin sie aus diesem Elend herausführt.

Sie bauten Schiffe. Aeneas bangte: Hoffentlich bekomme ich tatsächlich Weisung von irgendwoher!

Dann waren die Schiffe fertig, und der Wind trieb sie hinaus aufs Meer, bald sahen sie das Ufer nicht mehr.

Die Fahrt des Aeneas ist eine wirkliche Irrfahrt im Gegensatz zu der Irrfahrt des Odysseus. Des Odysseus Irrfahrt muß man relativieren: Zehn Jahre war er unterwegs, heißt es. Von diesen zehn Jahren verbrachte er allein sieben Jahre bei der hübschen Nymphe Kalypso und zwei weitere Jahre bei der interessanten Hexe Kirke, also dauerte die Irrfahrt ein Jahr. Außerdem wußte Odysseus sein Ziel, er wußte nicht, ob er es erreichen würde, aber immerhin hatte er ein Ziel, ein konkretes Ziel – Ithaka.

Die Irrfahrt des Aeneas war eine Flucht, er wußte nicht, wo das Ende sein wird. Das Ziel war nichts weiter als eine Verheißung. Die ganze Welt war potentielle Heimat für ihn, Aeneas hatte keine Heimat mehr.

Der große römische Dichter Vergil hat den Helden Aeneas gewählt, um ein Verbindungsglied von der alten, ehrwürdigen, klassischen, griechischen Mythologie zum römischen Weltreich herzustellen. Jede Herrschaft versucht sich Legitimation aus einer Tradition zu schaffen. Die Römer wollten ihre Zivilisation zurückgeführt sehen auf dieses heroische Zeitalter, und diese Verbindung hat Vergil geschaffen. Er hat den Aeneas zum Urururahn Roms gemacht. Davon erzählt seine Aeneis.

Vergil erzählt, Aeneas habe einen Orakelspruch von Apoll empfangen, er habe ihm gesagt: »Kehre zurück in das Urland deiner Väter!«

Vergil ist überzeugt, damit ist Italien gemeint gewesen.

Auf seiner Irrfahrt habe er dieses Land gesucht und zu guter Letzt auch gefunden. Vergil hat sich in seiner Geschichte recht nahe an Homer orientiert, an der Odyssee. Eine gute Idee.

Eine der Episoden erzählt von der Begegnung mit Dido, der Königin von Karthago.

In Karthago an der Nordküste Afrikas herrschte die Königin Dido, sie war eine Witwe, sie hat ihren Mann verloren und war dadurch sehr hart geworden. Sie war eine beinharte, rücksichtslose Händlerin geworden, und wer da kam und ihr keinen Vorteil bieten konnte, wer da mit dem Schiff anlegte und nur etwas wollte, und sei es auch nur ein wenig Barmherzigkeit, für den hatte sie ganz und gar nichts übrig. Fremde konnte sie ohnehin nicht ausstehen, denn Fremde hatten ihrem Mann den Tod gebracht.

Auf den Hafen von Karthago steuerte nun dieses elende Schiff des Aeneas zu, das eine elende Fracht barg, einen Haufen Hoffnungsloser, die doch Hoffnung gewonnen hatten aus einem Fünkchen Hoffnung, das in den Augen ihres Führers brannte. Für andere Leute der Hoffnungsträger zu sein, das macht das Herz des Erwählten hart. Wir werden das sehen.

Aphrodite aber hielt die Hand über ihren Sohn, und sie sah voraus, daß eine Landung in Karthago mit einem Schiff, das gar nichts zu bieten hatte, nicht gut ausgehen konnte. Sie befahl Aeneas, er solle abseits der Stadt anlegen und solle seinen kleinen Sohn Ascanius zur Königin Dido schicken. Alles andere solle Aeneas ihr überlassen.

Aphrodite stattete Ascanius mit besonderer Schönheit aus und gab ihm einen Duft an den Leib, den die Königin liebte, und gab ihm ein Geschenk mit, nämlich einen Teller mit schön angerichteten Meeresfrüchten, den sollte er Dido bringen.

Der Bub war sehr aufgeregt und sagte: »Was soll ich denn sagen?«

Aber Aphrodite sagte: »Es werden dir die richtigen Worte in den Mund gelegt werden, keine Sorge.«

Ascanius ging also, und er wurde vor Dido hingeführt. Zunächst betrachtete ihn die Königin mit ihren harten Augen.

»Was willst du?« fragte sie.

Ascanius, mit dem lieblichsten Stimmchen, mit dem lieblichsten Blick, sagte: »Ich komme von meinem Vater.

Mein Vater heißt Aeneas, und er läßt dir ein Geschenk bringen.«

»Und was ist das?« fragte Dido.

Ascanius zeigte die Meeresfrüchte vor. Da mußte Dido doch schmunzeln, denn sie war es gewohnt, ganz andere Geschenke zu bekommen, sie, die Mächtige, die die Königin der mächtigen Stadt Karthago war. Und nun kam da ein Knabe zu ihr und brachte ein paar Muscheln und ein paar Meeresfrüchte auf einem schäbigen Teller. Aber der Knabe roch sehr gut...

Sie sagte: »Erzähl mir von deinem Vater!«

Da erzählte Ascanius, er sprach mit den Worten der Aphrodite, aber mit seinem lieblichen Stimmchen. Er erzählte das Schicksal seines Vaters Aeneas, den Untergang der Stadt Troja erzählte er, die furchtbaren Schicksalsschläge auf dieser Fahrt. Er erzählte. Es gelang ihm, das Herz der Dido zu erweichen. In seinem Händchen hielt Ascanius irgend etwas verborgen.

Dido fragte: »Was hast du denn hier?«

Ascanius öffnete seine Hand, da war ein winziges Schiffchen zu sehen.

Er sagte: »Das ist das einzige Spielzeug, das ich besitze. Das hat mir mein Vater geschnitzt aus Meerschaum. Es soll ein Schiff sein.«

Dido betrachtete dieses Ding und sah, daß es zwar nicht mit dem größten Geschick, aber dafür mit größter Liebe gemacht war.

Dido fragte: »Wann hat denn dein Vater dieses Schiffchen für dich gemacht?«

Ascanius sagte: »Abends an Bord, wenn alle anderen schliefen.«

Dido fragte: »Er hat trotz all seiner Sorgen und all dieses Grauens, das er erlebt hat, und all dieser Verantwortung, die auf ihm lastete, Zeit gefunden, für dich ein kleines Spielzeug zu machen?«

»Ja«, sagte Ascanius, »er hat es gemacht, und nicht nur für mich, auch für andere Kinder an Bord hat er Schiffchen gemacht, aber für mich das schönste.«

Das rührte nun Dido zu Tränen, sie wollte immer mehr erfahren von Aeneas, und Ascanius erzählte.

Schließlich sagte Dido: »Ich möchte deinen Vater kennenlernen.«

Es war eine vertraute Innigkeit zwischen ihr und Ascanius. Aphrodite legte immer noch ein wenig Glut nach.

Zuletzt stand Ascanius auf, trat nahe an Dido heran, streckte sein Händchen aus, das innen ein wenig feucht war, und sagte: »Ich schenke dir dieses kleine Schiffchen.«

Damit hatte er das Herz der harten Dido gewonnen, das heißt: für seinen Vater.

Dido empfing Aeneas, empfing ihn prachtvoll. Wie ein Bettler wirkte Aeneas, heruntergekommen war er, die Haut aufgeschwollen vom Meerwasser, hinter ihm her sein zerlumpter Haufen. Aber sie wurden empfangen wie eine königliche Abordnung.

Dido verliebte sich in Aeneas, und zwar mit derselben Kraft, die zuvor ihre Härte geschmiedet hatte. Dieselbe Kraft, die noch gestern die Menschen zurückgewiesen hatte, wandelte sich nun in Hingabe um. Sie wollte, daß Aeneas mit seinem Volk bei ihr in Karthago bliebe.

Ich sagte es schon: So viel Verantwortung härtet einen Menschen seelisch ab. Aeneas war inzwischen ein harter

Mann geworden, er war solcher Liebesbezeugung nicht mehr zugänglich. Er hatte nur noch eine Idee, er wollte eine neue Heimat für sich und sein Volk finden. Aber die neue Heimat, die er vorgab zu suchen, war in Wirklichkeit seine alte Heimat, aber die war verloren.

Aeneas schätzte diese Situation ganz kühl ein, er sagte sich: »Meine Leute brauchen Ruhe, meine Leute brauchen anständiges Essen, und meine Schiffe müssen überholt werden. Ich werde die Verliebtheit dieser Königin ausnutzen, ich werde mich ihr hingeben, und in dieser Zeit werden wir uns restaurieren können für unsere weitere Suche.«

Aeneas zog also bei Dido ein, sie liebten sich, sie wohnten in ihrem Palast, er schlief in ihrem Bett. Sie nahm das als ein Versprechen, obwohl er ihr dieses Versprechen wörtlich nie gegeben hatte. Aber für sie waren sie beide Mann und Frau.

Dann hatte sich das Volk des Aeneas einigermaßen erholt, die Schiffe waren wieder hergerichtet.

Er sagte: »Ich breche auf. Ich muß meine neue Heimat suchen.«

Da war Dido entsetzt, sie sagte: »Ich dachte, das hier sei nun deine neue Heimat. Karthago. Ich dachte, du bleibst hier, und dein Volk mischt sich mit meinem!«

»Nein«, sagte Aeneas, »ich muß weiter.«

Und sie sagte: »Wie soll ich hier ohne dich leben können? Ich liebe dich doch! Du bist in mir.«

Das verhärtete Emigrantenherz des Aeneas war nicht zu erweichen. Er sagte: »Ich habe einen Auftrag, ich muß weiter. Ich bin nur für mein Volk verantwortlich und sonst für nichts.«

Sie sagte: »Aber alles hier erinnert mich an dich, Aeneas! Der Tisch, an dem du gesessen hast, erinnert mich an dich. Meine Kleider werden mich an dich erinnern, das Bett wird mich an dich erinnern. Hier, das kleine Schiffchen deines Sohnes wird mich an dich erinnern!«

Aeneas sagte: »Dann wirf alles auf einen Haufen und zünde an, was dich an mich erinnert. Ich muß gehen.«

Er drehte sich um und ging und bestieg sein Schiff.

Dido warf all diese Dinge auf einen Haufen, den Tisch, die Stühle, ihre Gewänder, das Bett, das Schiffchen des Ascanius, und zündete diesen Haufen an.

Dann blickte sie an sich hinab und sagte: »Am meisten aber wird mich mein Körper an ihn erinnern.«

Sie sprang auf den Scheiterhaufen und verbrannte. Das war das Ende von Dido.

Aeneas fuhr weiter auf der Suche nach seiner neuen Heimat.

Es wird wohl so gewesen sein, daß am Anfang dieser Irrfahrt alle Hoffnungen auf Aeneas gerichtet waren, alle Hoffnungen seines Volkes, dieses jämmerlichen Haufens, daß die Ruhelosigkeit des Führers bald auch Verzweiflung bei den Leuten ausgelöst hat.

Manche werden gesagt haben: »Lassen wir uns irgendwo nieder. Irgendwo! Nur diese Suche, dieses Herumreisen, das halten wir nicht mehr aus!«

Dann wurde behauptet, ein Hellseher habe gesagt, dort, wo ihr so viel Hunger habt, daß ihr sogar die Tische aufeßt, dort wird eure neue Heimat sein. Das wurde kolportiert, alle in der Umgebung des Aeneas sprachen davon, auch er glaubte es schließlich.

Er sagte sich: »Genau, so wird es sein.«

Das klingt ja sehr unwahrscheinlich, daß einer den Tisch aufißt vor lauter Hunger.

Sein Sohn Ascanius war inzwischen ein Mann, und er war es eigentlich, der die Truppe führte, mit größtem Respekt seinem Vater gegenüber natürlich.

Eines Tages landeten sie bei einem Fluß, der später Tiber genannt wird. Dort wurden sie von den Bauern freundlich empfangen. Die Bauern gaben ihnen zu essen, und wie es der Brauch war, servierten sie die Speise auf gepreßten Weizenfladen. Die Leute des Aeneas wußten nicht, wie man damit umgeht, sie wußten nicht, daß man diese Fladen nicht ißt, daß diese Fladen nur sozusagen die Teller waren für die Speisen. Sie aßen alles auf, auch die Fladen.

Die Bauern kamen und lachten über den Appetit der Leute und sagten: »Habt ihr denn einen so großen Hunger gehabt, daß ihr den Tisch auch gleich mit aufgegessen habt?«

Da sagte dann Ascanius zu seinem Vater: »Siehst du! Hier, hier werden wir bleiben, das ist das Ziel. Jetzt ist die Weissagung in Erfüllung gegangen.«

Obwohl Aeneas damit nicht zufrieden war, denn ihn zog es immer wieder hinaus, ich sagte schon, in Wirklichkeit wollte er seine alte Heimat wiederfinden, gab er schließlich nach.

»Es ist gut hier«, sagte Ascanius.

»Wenn du meinst«, sagte Aeneas.

»Was sagt er?« fragten die anderen den Ascanius nach der Unterredung.

Ascanius nickte. »Hier werden wir das neue Troja aufbauen«, sagte er.

Viele hundert Jahre später wird Romulus an derselben Stelle oder irgendwo anders am Schienbein des italienischen Stiefels die Stadt Rom gründen.

Nachwort

Im Spätwinter 1995 fragte mich Alfred Treiber, der Chef von Radio Österreich 1, ob ich mir vorstellen könne, irgendwann einmal in seinem Sender aus der griechischen Mythologie zu erzählen. Ich hatte damals gerade meinen Roman »Telemach« beendet, er erzählt die Geschichte des Sohnes des Odysseus, und ich saß in einem Loch, und dieses Loch bestand aus Sehnsucht, die hoffnungslos war, nämlich die Sehnsucht, in die Schreibwelt des eben beendeten Romans zurückzukehren, denn zu schreiben ist ein Glück. So kam mir der Vorschlag von Herrn Treiber gerade recht, wenigstens inhaltlich würde ich mich weiter mit diesem Stoff beschäftigen können.

Ich sagte ihm zu. Er werde sich melden, wenn die Sache spruchreif sei, sagte er. Ich rechnete mit drei oder vier Viertelstunden, die ich für den Rundfunk füllen sollte. Dann hörte ich lange Zeit nichts mehr. Und schließlich im Mai kam ein Anruf: Nun sei es soweit, man denke an vierzehn Sendungen, jede eine halbe Stunde, Sendebeginn in eineinhalb Monaten. – So!

»Unmöglich«, sagte ich. »Das kann ich nicht!«

In meinem Kopf schrumpfte die griechische Mythologie zusammen. Es geht nicht, dachte ich, nie und nimmer kann ich vierzehn halbe Stunden herausschlagen. Selbstverständlich ging ich davon aus, daß ich jede Sendung schriftlich werde vorbereiten müssen.

»Ich kann nicht«, sagte ich.

»Du mußt«, sagte er. Der Sendeplatz ist bereits fixiert.

Nun dachte ich schlau. Schlau heißt folgendes: Eine halbe Stunde hat dreißig Minuten. Gut. Das steht fest. Für An- und Absage darf ich zwei Minuten rechnen. Bleiben nur noch achtundzwanzig Minuten. Dann muß so eine Sendereihe eine eigene Kennung mit Musik haben, noch einmal eine Minute – siebenundzwanzig Minuten nun noch. Und jetzt der schlaueste Gedanke: Ich suche, dachte ich mir, aus der Ilias und der Odyssee des Homer vierzehn Stellen, à vierzehn Minuten, zusammen, die lasse ich von einem Schauspieler lesen. So treffe ich zwei Fliegen mit einem Streich – erstens erzähle ich aus der Mythologie, wie gewünscht, zweitens führe ich auch noch durch den Homer. Für meine Erzählung blieben mir dann pro Sendung nur noch dreizehn Minuten. Diese dreizehn gesprochenen Minuten fette ich, wie es im Radio üblich ist, mit drei oder vier Musikbrücken auf.

Ich habe etliche Jahre beim Hörfunk gearbeitet, und eines der Gebote in der Literaturabteilung hieß: Kein normaler Mensch hört länger als drei Minuten zu, wenn nur geredet wird. Also: pro Musikbrücke eine Minute, das gibt weitere drei bis vier Minuten, die von meiner Erzählung abgezogen werden dürfen. Bleibt Nettoerzählzeit: neun bis zehn Minuten. Das vierzehnmal. Nun, es ist immer noch eine Menge, dachte ich, aber ich habe ja auch meinen Kindern jeden Abend eine Zehnminutengeschichte erzählt, als sie noch klein waren.

So, und dann die Überraschung: Am ersten Tag im Studio hörten Tonmeister Günther Hämmerle und ich in das Band mit den Homer-Passagen hinein. Ich hatte die Übersetzung von Voss gewählt, die klassische, was sonst. Der Schauspieler hatte sich blendend vorbereitet, er verfügte über eine wunderbare Stimme. – Nach zwei Minuten fragte mich der Tonmeister: »Was liest der da?«

»Er liest aus der Ilias«, sagte ich.

»Das weiß ich schon«, sagte er. »Aber glaubst du wirklich, jemand kann diesem Text folgen?«

»Selbstverständlich«, hätte ich ihn anschreien wollen.

Aber es war ganz klar: Man kann dem klassischen Voss unmöglich dreizehn Minuten im Radio zuhören. Das funktioniert nicht. Diese Sprache sind wir nicht mehr gewohnt. Hätte ich doch vielleicht besser den Schadewaldt oder den Hans Rupé ausgesucht! Ob deren Übersetzungen leichter zu verstehen gewesen wären? Keine Ahnung. Jedenfalls war es dafür zu spät.

»Was soll ich tun?« fragte ich.

»Setz dich ins Studio«, sagte Günther Hämmerle, »und erzähl! Erzähl einfach! Erzähl es mir! Nur mir. Ich wollte diese Geschichten eh immer einmal im Zusammenhang hören.«

So habe ich es gemacht. Ich machte mir ein paar Notizen und erzählte, immer den Tonmeister im Auge, der mir das eingebrockt hat. Ich erzählte frei. Bald wurde dann deutlich, daß mein Problem nicht die Länge der Zeit, sondern die Kürze der Zeit war. Wir setzten die Musikbrücken recht knapp. Und als die vierzehnte Sendung fertig war, mußte ich mir sagen: Nicht einmal einen Bruchteil aus dem Schatz der griechischen Mythologie hast du erzählt.

Aus den Sendungen wurde eine CD-Edition und auch ein Buch, das mein Verlag in der Serie Piper herausbrachte. Und weil die Sendungen so gut beim Publikum ankamen, habe ich ein Jahr später noch einmal eine Reihe mit Geschichten aus der Welt der klassischen Sagen auf Band gesprochen, diesmal sogar fünfzehn Folgen. Dieser Band ist also der zweite, und wie es aussieht, wird ein dritter noch folgen.

Wer sich eine systematische Zusammenfassung der griechischen Mythen erwartete, wird wohl enttäuscht sein, ebenso, wer sich Wissenschaftliches erhoffte. Es sind Erzählungen, die schönsten, die unser Abendland zu bieten hat, wie ich meine, und es sind lebendige Erzählungen; denn der Mythos ist entweder immer gegenwärtig, oder aber er erlischt; und gegenwärtig heißt, er muß immer wieder neu erzählt werden. Das Erzählen aber wird mehr vom Assoziativen angetrieben als vom Willen zur Systematisierung.

Außerdem: Wenn alles mit allem zusammenhängt, wie es bei diesen Mythen der Fall ist, dann spielt es ohnehin keine Rolle, wo man anfängt oder ob man, wie ich es mache, öfter zu einer Geschichte zurückkehrt, weil einem neue Aspekte aufgefallen sind. Beispiel: der Trojanische Krieg. Im Grunde – ich gestehe es – erzähle ich mir diese Geschichten selbst. Und ich bin süchtig danach!

Ein herzliches Dankeschön möchte ich Herrn Günther Hämmerle sagen und Frau Dr. Traude Villari, ohne die ich oft in Verwirrung und ohne Trost geblieben wäre.

Register

Michael Köhlmeier

Telemach

Roman. 491 Seiten. Leinen

Mit der Geschichte des Odysseus begann vor 2800 Jahren die europäische Literatur. Daß dieses alte Epos vom Mann, der durch die Welt irrt, von der Frau, die auf ihn wartet, und vom Sohn, der nach ihm sucht, bis heute lebendig ist, beweist Michael Köhlmeier in seiner wunderbaren Neuerzählung. Ohne Anstrengung schlägt diese Geschichte einen Bogen von der Antike in unsere heutige Zeit.
Im Mittelpunkt steht Telemach, Sohn des Odysseus, der seinen Vater nie gesehen hat. Inzwischen ist er zwanzig Jahre alt, und der Krieg, in den sein Vater zog, ist längst vorbei. Im Haus des Odysseus haben sich die Freier breitgemacht. Sie werben um die schöne Penelope, die Gattin des Verschollenen. Telemach sieht dem Treiben der Freier mit Verzweiflung, aber hilflos zu…

»Federnder Witz und schäumende Fabulierlust machen diese verfremdete Zeitexpedition zur wahren Lese-Lust-Wandelei.«

Focus

Sagen des klassischen Altertums

189 Seiten. SP 2371

Die Begriffe sind jedem geläufig: vom Ödipus-Komplex bis zur Achilles-Ferse, von den Tantalos-Qualen bis zum Trojanischen Pferd oder zum Danaer-Geschenk, was übrigens genau dieses Pferd ist. Aber wer kennt noch all die Sagen und Geschichten wirklich, aus denen sie stammen? Wer hat heute noch die griechische Mythologie im Kopf – jene wundervollen Geschichten, auf denen so viel unserer abendländischen Kultur basiert? Homer hat sie uns überliefert, und Köhlmeier hat seinen Homer fürwahr im Kopf. Er erzählt sie uns neu – und ganz anders, als es Gustav Schwab vor über hundertfünfzig Jahren tat. Wie die antiken Sänger läßt er sich von den Ereignissen forttragen, erzählt er in leichtem und lockerem Ton die bewegenden Geschichten aus der Kindheit des Abendlandes: von Europa, König Minos und dem Stier, von Ödipus, der Sphinx, dem delphischen Orakel, von der Entstehung der Welt und der Götter, vom Trojanischen Krieg und seinen Helden, von den Irrfahrten des Odysseus und vielem mehr.

SERIE PIPER

Michael Köhlmeier

Moderne Zeiten

Roman. 218 Seiten. SP 1942

»Vergnüglicher kann man Zeiten und Beziehungen, Wirklichkeit und Dichtung kaum durcheinanderwirbeln...«

Neue Zürcher Zeitung

Die Musterschüler

Roman. 570 Seiten. SP 1684

In einem gnadenlosen Frage- und Antwortspiel wird eine alte Schuld wieder aufgedeckt: Vor 25 Jahren hat eine Schulklasse einen Mitschüler grausam zusammengeschlagen. Nun muß sie dafür Rechenschaft ablegen.

»Michael Köhlmeier hat Schuld und Scham, Macht und Moral nicht pathetisch hochstilisiert. Vielmehr wickelt er den vielfach verknoteten Handlungsfaden straff, ja flott ab und genießt komische Situationen und witzige Pointen. Sein Stil ist elastisch, mal trokken-lakonisch, manchmal auch bildhaft-mehrdeutig. Und, was am wichtigsten ist, er legt seine genau beobachteten und präzise charakterisierten Figuren nicht fest, sondern läßt ihnen den Spielraum, sich zu verändern.«

Frankfurter Allgemeine Zeitung

Die Figur

Die Geschichte von Gaetano Bresci, Königsmörder.
135 Seiten. SP 1042

»...eine präzise kleine Studie über die Einsamkeit des Menschen bei der Tat.«

Süddeutsche Zeitung

Spielplatz der Helden

Roman. 348 Seiten. SP 1298

Eine spektakuläre Durchquerung des grönländischen Inlandeises durch drei Südtiroler Bergsteiger – zu Fuß und ohne Versorgung von außen – wird zu einem aberwitzigen Psychodrama: Vom ersten Tag der Expedition an herrscht zwischen den Männern Streit und Feindseligkeit. Sie sind so hilflos zerstritten, daß zwei von ihnen während der achtundachtzig Tage, die sie in unvorstellbarer Einöde unterwegs sind, kein Wort miteinander wechseln. Dem Autor gelingt hier das Bild einer Männerwelt, in der Begriffe wie »Kälte« und »Überleben« keine bloßen Metaphern bleiben – ein Lehrstück über Erinnerung und Verdrängung.

»Michael Köhlmeier ist ein Schelm geblieben, darüber hinaus hat er sich zu einem Erzähler von Rang entwickelt.«

Frankfurter Allgemeine Zeitung